Não existem filhos perfeitos
AME-OS E COMPREENDA-OS DA MANEIRA COMO ELES SÃO

JILL SAVAGE & KATHY KOCH, PhD

NÃO EXISTEM FILHOS PERFEITOS

JILL SAVAGE & KATHY KOCH, PhD

1ª Edição

Geográfica editora

Santo André, SP
2020

This book was first published in the United States by Moody Publishing, 820 N LaSalle Blvd, Chicago 60610-3284, with the No more perfect Kids, ©2014, by Jill Savage and Kathy Koch
Todos os direitos desta obra em português pertencem à
Geográfica Editora © 2020

1ª Edição – 2020
Impresso no Brasil

Editor responsável
Marcos Simas

Supervisão editorial
Maria Fernanda Vigon

Tradução
Alzeli Simas

Preparação de texto
Roberto Barbosa

Revisão
*João Rodrigues Ferreira
Carlos Buczynski
Nataniel Gomes
Patricia Abbud Bussamra*

Diagramação
PSimas

Todas as citações bíblicas foram extraídas da NVI – Nova Versão Internacional, da Sociedade Bíblica Internacional. Copyright © 2001, salvo indicação em contrário.

Para qualquer comentário ou dúvida sobre este produto, escreva para
produtos@geografica.com.br

S263n	Savage, Jill
	Não existem filhos perfeitos: ame seus filhos pelo que eles são, e não pelo que você sonha para eles / Jill Savage e Kathy Koch. Tradução de Alzeli Simas. – Santo André: Geográfica, 2019.
	280p. ; 16x23cm
	ISBN 978-85-8064-251-3
	1. Parentalidade. 2. Relação pais-filhos. 3. Deus. 4. Relações sociais. I. Koch, Kathy. II. Simas, Alzeli. III. Título.
	CDU 159.922.7:248.154

Catalogação na publicação: Leandro Augusto dos Santos Lima – CRB 10/1273

NÃO EXISTEM FILHOS PERFEITOS

Este livro oferece conselhos sábios, discernimento genuíno e dicas práticas para os pais, não importa quantos anos seus filhos tenham. Os meus já são crescidos e eu ainda descubro muitas maneiras de melhorar minhas habilidades maternas. Savage e Koch estão certas: é muito importante amar seus filhos "como são". Juntas, elas nos mostram como, por que e o que fazer (e o que não fazer). Uma ótima leitura, um excelente guia.
–LIZ CURTIS HIGGS, autora best-seller de *The Girl's Still Got It* (Garotas ainda mandam bem)

Este é um daqueles raros livros de leitura obrigatória que pais devem ler e reler com frequência. É muito bem elaborado e encorajador. Bastante simples, a utilização desses princípios será um dos mais poderosos presentes que você poderá dar a seus filhos.
–BRENNAN DEAN, presidente da Great Homeschool Conventions, Inc.

A mensagem do livro de Jill e Kathy pode nos libertar, como pais, das expectativas sutis e irrealistas às quais, às vezes, nos impomos, assim como também aos nossos filhos. Este livro prático e fácil de ler nos dá a esperança e as ferramentas para alcançarmos o prêmio final: nosso filho se tornar o único e insubstituível indivíduo que Deus quer que ele seja. Como pesquisadora social, conversei com filhos o suficiente para que, sem dúvidas, eu possa dizer a todos os pais: "Seu filho adoraria que você lesse este livro!"
–SHAUNTI FELDHAHN, pesquisadora social, palestrante e autora best-seller de *For Women Only* (Apenas para mulheres) and *For Parents Only* (Apenas para pais)

Para muitos cristãos, a ideia de que todos são feitos à imagem de Deus não passa disso: uma ideia. Mas vivemos como se isso fosse verdade? Vivemos como pais que acreditam ser essa a verdade sobre nossos filhos? É sobre isso que este livro trata. Nele, Jill Savage e Kathy Koch explicam, ilustram e iluminam o que tudo isso significa, para os que têm a responsabilidade de serem pais. E ainda, o livro está cheio de dicas incrivelmente práticas para fazermos algo acontecer imediatamente. Eu, que também sou pai, realmente precisava deste livro.
–JOHN STONESTREET, palestrante e membro do Colson Center for Christian Worldview e coapresentador da rádio BreakPoint

Este livro apresenta aos pais uma verdade pouco celebrada em nossa cultura, mas que precisamos compreendê-la e aceitá-la. Nossos filhos nos foram confiados e nós desperdiçamos tempo perseguindo obstinadamente a "perfeição", quando deveríamos estar afirmando o projeto original do Criador para eles. Jill Savage e Kathy Koch criaram um texto que vai servir de base para que os pais possam gritar, como já deveriam ter feito há muito tempo: Adeus, filhos perfeitos!
–TRACEY EYSTER, fundador e diretor-executivo da FamilyLife's MomLife Today e autor de *Be the Mom* (Seja a mãe)

Dedicamos este livro aos nossos pais,

Duane e Patsy Fleener e
Don e Arlene Koch,
porque eles sempre dedicaram-se a nós.
Somos gratas por terem investido em nossa vida
e priorizado seu papel como pais.
Cada uma de nós se tornou quem Deus nos projetou
para ser, por causa do amor e do apoio deles.

Sumário

Prefácio	11
Introdução	15
1. Não existem filhos perfeitos	21
A história de Cheri	36
2. O Vírus da Perfeição bate de frente com a "parentalidade"	37
A história de Leah	60
3. Você gosta de mim?	63
4. Sou importante para você?	89
A história de Calan	112
5. Tudo bem porque sou único?	115
A história de Laura	129
6. Quem sou eu?	133
A história de Christy	150
7. Sou um fracasso?	153
8. Qual é o meu propósito?	173
9. Você vai me ajudar a mudar?	195

Não existem filhos perfeitos... *mais*

Sentindo as palavras	221
Tarefas apropriadas à idade dos filhos	225
Como orar por seus filhos usando versículos da Bíblia	231
Qualidades de caráter para serem desenvolvidas em seus filhos	235
Bênçãos das Escrituras para orar por seus filhos	243
Guia do líder	249
Agradecimentos de Jill	269
Agradecimentos de Kathy	271
Nota das autoras	273
Hearts at Home - o lugar onde as mães devem estar	275
Celebrate Kids	276

Prefácio

Conheci um jovem que terminou a faculdade de medicina e, algum tempo depois, decidiu que não queria ser médico. Ele disse o seguinte: "Fui para a faculdade de medicina para agradar ao meu pai. Nunca foi realmente o que eu queria fazer. Agora que meu pai morreu, quero perseguir meus próprios sonhos". Muitas vezes, me pergunto quantos homens e quantas mulheres perseguiram os sonhos de seus pais, em vez de os seus próprios.

Como pais, todos nós queremos ver nossos filhos alcançarem o sucesso. Contudo, as nossas percepções de sucesso podem não estar de acordo com as habilidades e os interesses deles. Nem todo jovem nasceu para ser piloto de avião ou jogador de futebol. Nem toda mulher nasceu para ser médica, professora ou advogada. No entanto, cada criança tem o dom e a oportunidade de impactar de alguma forma a sociedade. Nosso papel como pais é ajudar nossos filhos a descobrir e a desenvolver essas habilidades.

Nem sempre usamos a palavra *perfeição*, mas a maioria dos pais tem uma visão do que eles querem que seus filhos se tornem. Essa visão pode incluir uma imagem de filho que seja perfeito. Mas, a menos que estejamos dispostos a compreender o que realmente pensamos sobre perfeição e colocarmos nossos filhos nas mãos do Deus que os criou para seus próprios propósitos, podemos ser pais frustrados. Por outro lado, quando procuramos cooperar com Deus e ajudar nossos filhos a desenvolverem suas habilidades inatas física, intelectual, emocional e espiritualmente, tornando-os, então, nas pessoas que Deus projetou para eles serem, aí sim nos tornamos pais de sucesso.

Não existem filhos perfeitos foi escrito para ajudá-lo a se tornar um pai ou uma mãe de sucesso. Jill Savage e a Dra. Kathy Koch trazem para esse assunto suas próprias perspectivas e experiências únicas. Acredito que você vai se identificar com as experiências pessoais de Jill, mãe de cinco filhos, quando ela revela sua luta na busca de evitar a perfeição. Creio que você também vai apreciar as declarações de filhos e pais que compartilharam um pouco da vida deles com Kathy, em seus seminários e em suas palestras ao longo dos anos. A experiência de Kathy sobre como os filhos aprendem e a experiência prática de Jill, credenciam a ambas as escritoras como uma equipe preparada para escrever sobre o tema do desenvolvimento infantil.

Acredito que este livro ajudará os pais a lidarem bem com seus sentimentos de desapontamento, quando seus filhos não estiverem se desenvolvendo física, intelectual, emocional e espiritualmente como esperavam. Ao mesmo tempo, dará orientação aos pais em relação ao aprimoramento de abordagens positivas para ajudar seus filhos a alcançarem o potencial único que cada criança possui.

Quando desistimos da ideia de sermos pais perfeitos e de termos filhos perfeitos, somos muito mais propensos a nos tornarmos bons pais, que criam filhos saudáveis. Quando isso acontecer, você terá a satisfação de saber que cooperou com Deus para ajudar seus filhos

Prefácio

a alcançarem o potencial dado por Deus. Poucas coisas são mais satisfatórias na vida do que o sentimento de ter conseguido ser um bom pai ou uma boa mãe.

    Gary Chapman, PhD
    Autor do best-seller *As cinco linguagens do amor*

Introdução

Quando você estava grávida ou em processo de adoção de seu filho, como imaginava que ele seria? Você imaginava que seria um menino? Ou esperava que fosse uma menina? Imaginava que gostaria de esportes? Tocaria piano? Tenha você percebido ou não, antes mesmo de esse novo membro efetivo de sua família ter chegado, você já estava criando uma forte conexão com seu tão sonhado filho.

E, quando ele finalmente chegou, o filho idealizado não foi embora. Mas o real apareceu e então você começou a lidar com a diferença entre o que havia imaginado e o verdadeiro. Este não é um desafio que só se enfrenta uma vez e pronto, ele continua durante toda a infância e durante a adolescência, quando nos deparamos com os nossos verdadeiros filhos, que, muitas vezes, não se parecem em nada com aqueles imaginados. Às vezes, até temos dificuldade de *conhecê-los*, porque nosso coração ainda está ligado ao filho tão sonhado e irreal.

Cada mãe ou pai tem esperanças e sonhos secretos para seu filho. Às vezes, temos consciência desses sonhos, e às vezes eles estão arraigados profundamente dentro de nós, vindo à superfície somente quando a bolha da expectativa estoura em um milhão de pedaços. Quanto mais cedo nos tornarmos conscientes de nossas expectativas e alinhá-las com a realidade, melhor será para nós e para nossos filhos. Essa é uma grande parcela do que estaremos ajudando-o a fazer nas páginas deste livro.

Todos os filhos merecem ser celebrados por quem eles são. Quando conseguirmos identificar a exclusividade de cada um deles, resistindo ao desejo de compará-los conosco ou com seus irmãos, nós os deixaremos livres para que possam ser tudo o que foram criados para ser. Permitir que eles tenham a liberdade para desenvolver seu autêntico "eu" é um dos melhores presentes que podemos lhes dar. Todos os filhos merecem ser celebrados por quem são.

Nas páginas deste livro, vamos explorar algo que chamamos de Vírus da Perfeição e como isso afeta a nossa paternidade. Vamos observar cuidadosamente o perigo que as expectativas irrealistas provocam nos filhos e a segurança e a paz encontradas em filhos cujos pais têm expectativas reais. Então, vamos interagir as nossas esperanças e os nossos sonhos com as perguntas básicas que os filhos fazem no coração: *Você gosta de mim? Sou importante para você? Tudo bem por eu ser único? Quem sou eu? Sou um fracasso? Qual é o meu propósito? Você vai me ajudar a mudar?*

Essas perguntas são as mesmas que nós fazíamos quando ainda estávamos vivendo o papel de filhos. As respostas que nos chegaram por meio do relacionamento com nossos pais, ainda estão conosco hoje. Para alguns de nós, nossas conclusões nos serviram muito bem. Sabemos que somos amados, e por isso não precisamos agradar aos outros, sabemos em que somos bons e no que não estamos conectados para sempre! Outros de nós, entretanto, ainda carregam rótulos, uma necessidade de agradar às pessoas e um sentimento de fracasso até mesmo na idade adulta.

Introdução

Uma criança que tem um pai que intencionalmente aborda essas questões tão importantes de identidade, tem uma vantagem neste mundo. Quando pais se libertam de suas irreais expectativas, eles dão liberdade aos seus filhos para desenvolverem o seu melhor. Nossa esperança é ajudá-lo a fazer exatamente isso!

Para aumentar a praticidade deste livro, incluímos vários apêndices. Ser pai não é apenas "esperar pelo melhor". É ser intencional na definição da direção a seguir e ensinar nossos filhos o que eles precisam saber para viverem bem neste mundo. Portanto, no website (www.NoMorePerfect.com) você encontrará atividades específicas que poderá fazer com seus filhos, levando para dentro de sua casa as verdades deste livro.

> *Quando pais se libertam de suas irreais expectativas, eles dão liberdade aos seus filhos para desenvolverem o seu melhor.*

Este é o primeiro livro de Hearts at Home (Corações no lar) projetado para ambos, mães e pais, lerem. Não desanime se seu cônjuge não costuma ler. Apenas compartilhe o que você está aprendendo ao longo desta caminhada! No entanto, se vocês decidirem ler o livro juntos, esperamos que algumas grandes discussões sejam proveitosas. Há muito o que pensar e conversar quando se trata de guiar os nossos filhos.

Este livro é escrito por duas autoras, e gostaríamos de apresentar a você cada uma de nós separadamente:

PALAVRAS DE JILL

A Dra. Kathy Koch é uma das palestrantes mais amadas em nossas conferências Hearts at Home para mães. O que posso honestamente dizer é que quando a Dra. Kathy fala, as mães escutam! E eu fui uma dessas mães! Em seu trabalho na Celebrate Kids, Inc., a Dra. Kathy falou com profundidade sobre o coração de nossos filhos, para que pudéssemos compreender realmente o que eles precisam, contra o que eles lutam e como os pais podem ajudar a desenvolver neles quem eles são criados para ser. Ela dedicou sua vida profissional ajudando pais a se tornarem o melhor que podem ser. Seus treinamentos nas conferências Hearts at Home contam com um grande número de participantes lotando as plenárias, mesmo com cada mãe na sala tomando notas cuidadosamente, enquanto ela partilha sua maravilhosa sabedoria de uma maneira cativante! Ela mora no Texas, onde lidera a Celebrate Kids, Inc., uma organização sem fins lucrativos dedicada a ajudar pais, educadores e filhos de todas as idades a satisfazerem suas principais necessidades de segurança, identidade, pertencimento, propósito e competência, sempre de maneira saudável. A principal contribuição da Dra. Kathy neste livro é sua tentativa de ajudar os pais a conhecer e a compreender seus filhos como seres únicos.

PALAVRAS DA DRA. KATHY

Encontrei Jill pela primeira vez na conferência Hearts at Home de 2011, em Illinois, estado onde ela mora. Imediatamente me identifiquei com sua paixão por mães e filhos e com o ministério que ela começou em 1994 para incentivar, educar e equipar cada mãe, em cada estágio da maternidade. Ela valoriza as mães. Além disso, viveu as alegrias e as dores da criação de filhos com seu marido, Mark, sendo uma embaixadora perfeita da maternidade. Priorizando seu relacionamento com Deus, com o marido, com os filhos e os netos, ela abençoou milhares de mães, tanto com o seu sólido ensino quanto com a sua vulnerável honestidade. Melhor, talvez, do que qualquer uma que conheço, ela conta histórias sem fantasiar ou diminuir a dor e ainda honra os envolvidos. Jill nos lembra que os relacionamentos são resultados de um trabalho duro, mas que vale a pena cada lágrima. Ela nos apresenta os benefícios de dar um passo de cada vez na vida, confiando que amanhã é um outro dia. Observando o que ela faz, sabemos que podemos crescer e que Deus pode honrar as orações e o clamor do coração de seus fiéis seguidores. Suas ilustrações e suas anedotas trazem minhas ideias e meus pensamentos para a vida diária. Sua vida será abençoada pelas sugestões que ela dá. Sinto-me sinceramente honrada por poder fazer essa parceria com ela e feliz porque você está se juntando a nós.

• • •

Para uma leitura mais fácil, vamos escrever a partir da voz e das palavras da Jill. Todos os pronomes irão se referir à Jill. A Dra. Kathy será identificada em suas ilustrações e histórias. A mensagem contida em *Não existem filhos perfeitos* é uma mistura da nossa compartilhada paixão por encorajar pais e serem uma voz pelos seus filhos.

Vire a página e mergulhe conosco em todo o conteúdo disponível para ser um melhor pai ou uma melhor mãe. Vamos explorar o que se passa dentro da cabeça e do coração de um filho e como nós, pais, podemos amá-los por quem eles são e ajudá-los a serem tudo o que Deus os criou para ser!

CAPÍTULO 1

NÃO EXISTEM FILHOS *perfeitos*

      Eu estava do lado de fora da porta do quarto da minha filha de seis meses de idade, ouvindo seu choro. Alguma coisa havia acontecido e ela estava agitada. Havia sido alimentada, mas nada a acalmava. Finalmente, pelo bem da minha sanidade, às 3 da madrugada, eu decidi que só me restava colocá-la em sua cama e deixá-la lidar com o choro por mais algum tempo. O filho do meu melhor amigo dormia a noite toda, depois de apenas dois meses de nascido. "Doce garotinha, por que você não consegue dormir como o filhinho do meu amigo dorme?" Eu era mãe de primeira viagem e as minhas expectativas para a minha primeira filha já estavam sendo levadas às comparações e decepções. Sonhei com mimar e afagar meu primeiro e adorado bebê e não a ficar de pé do lado de fora da porta do quarto, exausta, chorando junto ao seu lado e frustrada com minha incapacidade de ajudá-la de alguma forma.

      Eu estava sentada à margem de um campo de futebol – eu, a mãe que desafiava esportes – tentando colocar para fora todo o meu incentivo ao meu filho que amava futebol. Eu preferia estar sentada ao lado dele em um banco de piano, a estar sentada numa arquibancada de um jogo de futebol. *"Estou tentando entender o jogo e apoiá-lo. Seja paciente comigo, meu querido filho."* Minhas expectativas estavam novamente subindo às alturas. Eu sonhei ter um garoto tocando piano, e não um suado e desalinhado jogador correndo pelo campo de futebol.

Então, tentei me conectar com a minha filha de doze anos de idade. Essa minha terceira filha gosta de design de moda. Ela sempre gostava de fazer compras, não tanto com a intenção de comprar, mas sim para ver como as roupas são criadas, projetadas e montadas. Eu, por outro lado, odeio fazer compras e não tenho nem uma célula que seja de "design de moda" no meu corpo. Eu pagaria alguém para fazer compras no meu lugar, se pudesse. Como esta mãe desafiada pela moda acabou tendo uma filha tão amante e consciente da moda? Nunca sonhei que uma fashionista poderia nascer de uma mãe com um completo desinteresse no quesito "estilo".

Meu filho número quatro, que estava na escola secundária, perguntou: "Mamãe, você, por favor, pode me ajudar a estudar para uma prova?" Peguei o livro de suas mãos e atravessei o quarto em direção à poltrona. Quando me virei, vi esse meu filho de 13 anos de cabeça para baixo em outra poltrona do outro lado da sala. Sua cabeça estava no assento e seus pés estavam pendurados sobre as costas da cadeira. Parei o que estava tentando fazer para corrigi-lo. Ele respondeu a todas as perguntas do estudo. Isso mesmo! Corretamente, de cabeça para baixo e tudo. "Senhor, deixe-me ver meu filho por meio dos seus olhos. Ele é único, inigualável e muito mais do que o rótulo de TDAH (Transtorno de Déficit de Atenção com Hiperatividade) que ele carrega." Nunca sonhei que teria uma criança que lutaria contra isso.

Fui visitar o nosso quinto filho na primeira de suas múltiplas internações para tratar sua saúde mental. Dez anos antes, Deus havia movido o céu e a terra para trazer o nosso menino de um orfanato na Rússia para a nossa querida família, no meio dos campos de milho do estado de Illinois. Ele assimilou tudo muito bem nos primeiros anos após sua adoção, mas quando entrou na adolescência, anos mais tarde, problemas de identidade, falta de afeto e transtornos de personalidade, entre outras coisas, se instalaram em nosso lar. "Esta não era a vida que eu havia imaginado para você, meu querido filho, quando viajamos para o outro lado do mundo, atravessando o oceano para trazê-lo para nosso lar." Nunca sonhei que nossa família poderia ser atingida pela dificuldade de ter alguém com uma doença mental.

Nós esperamos que tudo seja perfeito. E, então, os filhos chegam.

Mães e pais fazem isso. Antes de termos filhos, sonhamos como a nossa família vai ser. Pensamos sobre a forma como iremos interagir uns com os outros. Contemplamos todos os momentos especiais que nossos filhos irão, um dia, realizar. Decidimos – em nossa mente – quem nossos filhos serão. Imaginamos o que eles farão. Antecipamos o que faremos um dia com eles, individualmente ou em família. Nós esperamos que tudo seja perfeito.

E, então, os filhos chegam.

Criá-los é mais difícil do que parece. Mesmo se nossa vida, nossa família ou nossos filhos forem exatamente como imaginamos, desafios surgem a todo momento. Os estágios de desenvolvimento não são familiares e, por vezes, são frustrantes. Dizemos a um filho que ele deve "agir de acordo com sua idade" e, então, percebemos quem ele realmente é!

Para alguns de nós, nossos pequeninos não são exatamente como imaginamos. O seu temperamento é uma mistura de papai e mamãe e não temos certeza de como gerenciar isso. À medida que envelhecem, percebemos que eles não têm interesse nas mesmas coisas que pensávamos que teriam ou que queríamos que tivessem. Os talentos deles são diferentes dos nossos. Não gostam das mesmas coisas que gostamos.

Lutam de maneiras que não entendemos. Não tomam decisões como nós faríamos. Às vezes, eles não tomam boas decisões!

Alguns de nós podem estar lidando com disparidades ainda maiores, como ter uma criança com algum problema de saúde, uma doença mental, deficiência calórica ou atrasos no desenvolvimento. Aqueles que estão caminhando por essa jornada, são como pessoas que pensavam que iriam viver na Itália, mas em vez disso acabaram na Holanda. Ainda um lugar bonito, mas muito diferente do que eles estavam esperando.

A maioria de nós cria expectativas para cada filho. Esperamos que ele cresça e aprenda. Esperamos que ele faça o seu melhor. Esperamos que se comporte e seja responsável. Esperamos que enfrente bem a vida e vença. Esperamos que aja conforme a idade, mas às vezes nos esquecemos – ou simplesmente desconhecemos – de que é perfeitamente normal esse tipo de comportamento para uma criança da idade dele! (E quão verdadeiro é isso quando temos de admitir que nem sempre agimos de acordo com nossa idade?)

Vamos enfrentar a realidade: a vida nem sempre parece ser da maneira que imaginávamos que seria. Queríamos um filho, mas não percebemos que isso significaria noites sem sono, por doze meses ou mais! Queríamos jogar bola no quintal, mas o pequeno Joey prefere tocar piano na sala de casa. Desejamos ter uma criança que ama aprender, mas o que temos somente nos encontros de pais e mestres é a difícil tentativa de descobrir por que Susie é aprovada com tanta dificuldade na escola. Antecipamos riso e amor e ignoramos o fato de que lágrimas, birras e coisas difíceis também fariam parte do "pacote". Nós amamos nossos filhos com todo o nosso coração, mas nem sempre sabemos o que fazer quando nossas expectativas não correspondem à realidade. Por que fazemos o que fazemos, quando nossas expectativas não correspondem à realidade?

Com o tempo, pensamentos como estes podem surgir em nossa mente: "Eu gostaria que ela fosse mais como seu irmão", ou, "Nunca pensei que eu ia ter um filho que quer ficar em casa e ler após a escola, em vez de se envolver em atividades esportivas ou culturais", ou, "Eu gostaria que meu filho tivesse uma rotina mais regrada de sono". Quando ficamos decepcionados, frustrados, confusos ou mesmo desiludidos, esses pensamentos são naturais. No entanto, quando gastamos muito tempo e esforços pensando ou desejando que alguém seja diferente, podemos nos tornar pessoas frustradas e desencorajadas, críticas e irritantes ou até mesmo rejeitar alguém, o que seria pior.

Em algum ponto da história familiar, mães e pais se deparam face a face com a fantasia, deixando-a de lado, acatando finalmente a realidade. "Este é o meu verdadeiro filho. Estas são as reais circunstâncias da minha vida. Estas são águas, antes inexploradas, nas quais devo navegar. Como orientar e liderar uma criança que às vezes não entendo? Como posso amar o bebê, a criança, o adolescente ou o jovem adulto que tenho aqui na minha frente e não desejar que ele seja diferente? Como posso descansar na forma como ele é criado, mesmo que seja diferente do que eu imaginava? Como devo inspirá-lo e encorajá-lo, mas sem esperar a perfeição por parte do meu filho? Como é que eu comemoro o progresso e fico longe de expectativas irrealistas?"

Essas são as perguntas a que pretendemos responder nas próximas páginas. Nossos filhos são presentes de Deus que merecem ser celebrados. Eles foram projetados por seu Criador para contribuir com este mundo de maneiras originais. Eles têm valores inerentes e potencial aguardando para ser aproveitado. A chave para nós é ver esse potencial neles, tanto nos bons quanto nos maus dias. Vamos iniciar uma jornada de descoberta para compreender e aceitar quem realmente os nossos filhos são e celebrar como eles foram projetados de uma maneira maravilhosa e excepcional!

ONDE ISSO COMEÇA?
Ao entrar no quarto, você fica surpresa porque seu filhinho está ficando em pé. Algo importante está acontecendo.

Por isso, você não grita: "Sente-se imediatamente! Você pode se machucar!" Em vez disso, pede que alguém vá correndo pegar a câmera de filmar, enquanto se põe na posição correta. Você espera para ver o progresso e mostra isso ao seu filho, por meio do seu comportamento e de sua linguagem.

Posicionando-se a quatro metros de distância, com os braços estendidos, você sorri e usa um tom de voz encorajador. Focada no objetivo, você se comunica: "Venha para a mamãe!" Um passo. Em seguida, outro. Uma queda. Uma segunda tentativa parece um início falso. Nos próximos dias, acontecem erros. Tentativas e passos ainda inseguros e mal executados. Novas quedas.

No entanto, não há "erros". Você nunca diria às pessoas que seu filho cometeu um erro tentando andar, mesmo que ele tenha caído em sua décima tentativa. Em vez disso, é mais provável que você alardeie todas as suas tentativas, chame seus pais, irmãos e amigos e, talvez, até poste algo sobre isso no Facebook: "Meu príncipe tentou andar hoje!" Essa é a nossa atitude porque estamos à procura de progresso, não de perfeição – para crescimento, não para desânimo do nosso filho.

Sabemos que a caminhada sem erros é a meta. É possível, mas só se for o destino final. A perfeição não pode ser a jornada. E a jornada deve ser construída sobre a fé nas possibilidades e uma expectativa para o bem, o melhor e, por fim, para a excelência.

Como você provavelmente já notou, os filhos não engatinham por muito tempo. Eles tentam ficar de pé, andam sozinhos, pulam, galopam e, eventualmente, correm. Quando eles caem fazendo algumas dessas coisas, quase sempre insistem em continuar tentando, a menos que nossa reação a isso seja como se estivéssemos chateados. Suspirando, olhando para eles com pânico ou alarme, correndo em direção a eles, perguntando se estão bem, de tal forma que isso fará com que as lágrimas venham até mesmo se eles não estiverem feridos por causa do tropeço. Nossas reações são, na maioria das vezes, repetidas pelos nossos filhos.

Seu objetivo de caminhar é realizado e celebrado. Talvez você tenha alcançado "seu objetivo". Mas andar é a meta dos filhos também. E essa é outra razão para os filhos não mais engatinharem. Mesmo ainda tão pequenos e jovens, eles anseiam por progresso. Quando vejo minha neta de dez meses se levantando e andando em torno dos móveis, se agarrando neles, percebo que ela não é muito diferente dos meus filhos adolescentes, que ainda moram aqui em casa, que procuram progresso na forma de independência.

Estamos à procura de progresso, e não de perfeição.

E se, ao longo dos anos do crescimento deles, tivéssemos uma perspectiva do tipo "Vem pra mamãe!"? Que diferença faria se pudéssemos observar o progresso, mesmo na menor das formas de nosso bebê, garotinho, adolescente ou jovem adulto? E se esperássemos pelo tropeço deles ao longo do caminho e não considerássemos que tropeçar seja um erro? E se ficássemos a quatro metros de distância, e não oito? E se nossos braços estivessem estendidos em direção aos nossos filhos, e não dobrados ou recolhidos diante de nós? E se sorríssemos em vez de franzir a testa? O que aconteceria se tivéssemos um tom suave e positivo em nossa voz, fazendo um pedido que nossos filhos gostariam de cumprir, e não exigências que não correspondem às suas expectativas?

E se nossos filhos tivessem um sistema de crenças "Vem pra mamãe!"? *Eu posso realizar o que meus pais estão me pedindo para fazer. As tentativas não querem dizer falhas. Elas são parte da vida. Posso até tentar novamente. A perfeição nunca será alcançada, nem mesmo é necessária, porque sei que meus pais vão comemorar o meu progresso, por mais simples que seja.*

Se quisermos que isso aconteça, talvez seja necessário fazer algumas mudanças em como pensamos e em como respondemos. Esse tipo de afirmação motivadora pode não ser algo que experimentamos quando ainda éramos filhos, então teremos que aprender algo novo e comemorar o nosso próprio progresso ao longo do caminho. Como pais, temos um poder incrível sobre como nossos filhos se sentem a respeito de si mesmos e sobre o relacionamento que eles têm conosco.

O PODER DAS EXPECTATIVAS

Sabemos que mesmo uma coisa boa em proporção exagerada pode não ser tão boa assim: muito sorvete, muita roupa para lavar, muitas ligações telefônicas, muitas folhas para limpar – e as expectativas muito altas.

A maioria de nós começa a maternidade ou a paternidade com grandes expectativas para os nossos filhos, porque os amamos e queremos o melhor. Se eles atingirem essas expectativas, estabelecemos outras novas, mais desafiadoras. Afinal, eles provaram ser capazes, e nós não queremos que parem de crescer e aprender. É tudo muito inocente – mas só no início.

Com o tempo, isso pode ficar cada vez mais difícil e desgastante. Se estabelecermos expectativas cada vez mais elevadas, nossos filhos podem ter a ideia de que nunca estamos satisfeitos. Podem pensar que ficamos felizes somente quando eles conseguem algo. Além disso, quando imaginam que podem relaxar, logo anunciamos algo novo e mais desafiador que esperamos que eles realizem. Quando não reconhecemos que já atingiram elevadas expectativas, eles facilmente entendem que ainda não estamos satisfeitos.

E se nossos braços estivessem estendidos em direção aos nossos filhos, e não dobrados ou recolhidos diante de nós?

Ao perguntar a filhos de qualquer idade o que seus pais pensam sobre perfeição, as respostas vêm facilmente. E soam algo como: "Eles me disseram que eu precisava melhorar. Concordei que poderia fazer melhor, e fiz. Tirei uma nota melhor. Mas eles não disseram 'Bom trabalho' ou mesmo 'Obrigado'. Apenas disseram: 'Você pode fazer ainda melhor!'"

Em sua pesquisa *Celebrate Kids*, a Dra. Kathy revela alguns comentários espantosos de filhos sobre seus pais. Alguns dizem simplesmente: "Nunca consegui satisfazer os meus pais." Essa é uma conclusão perigosa para nossos filhos, porque eles podem parar de tentar. Eles podem não se importar mais com o que queremos que façam. E podem não acreditar em nós quando dizemos: "Só queremos que você faça o seu melhor." Alguns nos dizem que, de maneira proposital, não melhoram por causa da pressão constante que recebem. Isso é comum tanto em casos escolares quanto nos esportes. Outros filhos nos dizem que estão zangados com os pais porque se sentem enganados. Um garoto com notas altas na escola falou à Dra. Kathy: "Se meu pai quisesse um boletim com notas perfeitas, sinceramente, eu gostaria apenas que ele tivesse me dito isso antes."

Quando nossos filhos fazem menos do que um ótimo trabalho em qualquer atividade, não aceitamos um padrão de trabalho descuidado ou com erros, então deixamos claro, de alguma maneira, que estamos preocupados, infelizes ou desapontados. Mas, dependendo de como respondemos ao seu trabalho, mesmo que tenha sido imperfeito, os filhos podem interpretar mal as nossas preocupações. Podem acreditar que nunca estamos satisfeitos e que queremos sempre, e tão somente, a perfeição. E podem não ser capazes de separar suas atividades de si mesmos, pensando que são apenas o que realizam: "Se papai não gosta do meu trabalho, ele também não gosta de mim."

A definição de expectativas adequadas e justas é uma chave para um relacionamento saudável entre pais e filhos. Isso exige que realmente conheçamos nossos filhos. Se nossos objetivos são muito baixos, os filhos não alcançarão tudo o que poderiam obter. Se eles são muito elevados, os filhos podem ficar frustrados e desistir. Em ambos os casos, eles podem não conseguir alcançar o que são capazes de atingir. Definir expectativas apropriadas nos força a *realmente* conhecer os nossos filhos.

Os pais devem procurar expectativas que sejam "simplesmente honestas" para cada filho. Mas como nossos filhos mais velhos respondem a essa expectativa? Como nossos filhos mais jovens respondem a isso? Como posso explicar melhor isso para que eles entendam? Por meio de percepções e de observações feitas de perto durante os esforços para tentar acertar, devemos ser capazes de estabelecer expectativas que sejam "simplesmente honestas". Não pode ser muito fácil, mas também não pode ser tão difícil. Desafiar sem frustrar. Alcançável com esforço. De acordo com as características e a capacidade de cada um, individualmente. Não é algo de tamanho único que pode caber em todos da mesma forma.

O que pode ser mais saudável do que esperar pela perfeição? Certamente não é esperar por numerosos erros ou falhas. O mais saudável é esperar que os filhos utilizem plenamente suas capacidades e atitudes para serem, de uma forma tranquila, quem eles foram projetados para ser. Queremos que eles vivam plenamente com suas características próprias.

Corremos o risco de produzir um grande dano em nossos filhos quando esperamos que sejam quem eles não foram criados para ser e que eles nos deem o que não são capazes de dar. Talvez você já tenha lido ou ouvido falar da interessante história envolvendo coelhos, quando se trata desse assunto. Por exemplo, os coelhos são bons em pular. Se tentássemos ensiná-los a voar e até mesmo classificá-los a partir dessa capacidade, eles certamente seriam reprovados. E mesmo se usassem toda a sua energia para tentar aprender a voar, poderia fazer com que eles admitissem não mais ter como usar sua habilidade para pular. E deixariam de ter a alegria de pular.

Se uma menina é um gênio musical capaz de memorizar partituras rapidamente e lindamente tocar peças complexas para piano, é o que ela deve fazer. Escolher a música mais fácil ou estar satisfeita com menos desempenho, não seria o certo. Ela não iria honrar seu Criador, porque estaria descartando o propósito para o qual foi criada.

Mas esperar que essa mesma menina possa tirar sempre notas perfeitas em matemática pode ser injusto. Só porque ela pode fazer uma coisa bem (memorizar música), não se pode supor que ela seja capaz de fazer outra coisa bem (memorizar fórmulas matemáticas). Pelo contrário, devemos buscar usar evidências ao estabelecer metas e expectativas para os nossos filhos. Quando eles nos veem descartar as evidências de que as coisas são fáceis ou difíceis, eles se sentem desencorajados.

Um estudante que lutou muito para superar o ensino fundamental, estava feliz por finalmente conseguir entrar no ensino médio. No entanto, sua alegria foi imediatamente perdida quando, de saída para a escola, ele ouviu seu pai proclamar: "Você vai ter um grande ano em matemática e vai tirar ótimas notas." Mais tarde, naquele dia, esse garoto, com raiva, questionava a Dra. Kathy: "Eu não sei o que meu pai acha que aconteceu durante as férias de verão, para me fazer inteligente e bom, de repente, em matemática. Eu sei que nada aconteceu. Mas ele não pode simplesmente aceitar o fato de que a matemática é difícil para mim?"

O PODER DO MITO DA GRAMA MAIS VERDE

As elevadas e inalcançáveis expectativas que criamos para nossos filhos, não são a única coisa que lhes comunica nossa esperança de que eles sejam perfeitos. Raramente nos sentimos satisfeitos com nossa própria vida e nossos filhos nos ouvem reclamando e comparando a nossa condição com a de outras pessoas, o que, certamente, também faz com que tenham uma ideia errada. O que eles têm ouvido recentemente da sua boca?

"A nossa cozinha é pequena demais. Eu não posso viver assim!"

"Este trânsito é horrível! Eu deveria ter ido por um caminho diferente."

"Olhe para todas essas ervas daninhas. Nosso gramado é o pior da rua."

Não é estranho os filhos ficarem com a ideia de que somos difíceis de agradar e de que nada é bom o suficiente para nós. Por meio do relacionamento entre pais e filhos, muita coisa é assimilada. Precisamos perguntar a nós mesmos: "O que os meus filhos 'assimilaram' de mim?"

Nunca estar satisfeito contribui para uma existência horrível. Já é suficientemente difícil para adultos que podem ter desenvolvido uma capacidade de suportar esse tipo de temperamento e que criaram alguns tipos de mecanismos de enfrentamento. No entanto, é muito prejudicial para os filhos. Eles nunca irão experimentar a alegria e a paz associadas com o contentamento. Em vez disso, eles vão se ver sempre:

Tentando, mas não conseguindo.

Esperando, mas sempre decepcionados.

Eventualmente parando, mas não arriscando.

E sempre comparando.

A crítica dói demais. Os perfeccionistas tendem a ver até mesmo as menores imperfeições. Isso já é ruim o suficiente, mas eles ainda vão além. Eles decidem que essas imperfeições podem tornar eles mesmos ou os outros totalmente inaceitáveis. E isso pode prejudicar sua capacidade de ter relacionamentos saudáveis. Os perfeccionistas tendem a pensar que as imperfeições, quaisquer que sejam, são inadimissíveis.

O contentamento não é fácil. Talvez nunca tenha sido, mas hoje ele tem um desafio adicional, já que é tão fácil de se comparar. Sempre podemos encontrar alguém mais esperto, melhor, mais belo ou mais organizado. Com os comerciais da TV constantemente nos lembrando de que não somos donos ainda daquilo que desejamos, capas de revistas com pessoas de vidas aparentemente perfeitas e com as instantâneas atualizações de fotos e vídeos nas redes sociais, que provocam, mesmo em adultos, fortes sentimentos de inferioridade, não é de admirar que seja tão difícil contentar-se com o que se tem. Podemos rapidamente começar a sentir desconforto a nosso próprio respeito.

Atente para essa síndrome, apesar de tudo. Você sabe que ela lhe rouba a alegria, a paz e a satisfação. Ela substitui o contentamento por questionamentos, dúvidas e confusão. Você pode identificá-la, avaliando sua vida. Se você fica pensando coisas do tipo:

"Se eu tivesse aquela cozinha, eu iria fazer refeições melhores e poderia receber sempre os amigos para jantares especiais."

"Eu gostaria de viver onde não houvesse qualquer tipo de tráfego.

Aí, então, poderia levar sempre as minhas filhas para se divertirem em vários lugares legais."

"Mal acredito quão ruim o nosso gramado está em comparação com o do vizinho da frente. Não tenho como fazer algo direito!"

"Eu gostaria que tivéssemos um carro melhor. Nosso carro velho parece tão ruim em comparação com o carro do meu irmão."

"Se tivéssemos mais dinheiro, poderíamos fazer _____."

É a síndrome da grama mais verde. Quando acreditamos que a grama é sempre mais verde do outro lado da cerca, ficamos rapidamente insatisfeitos. Somos críticos. Mas podemos nos tornar irritados.

A Síndrome nos faz pensar:

"Eu ficaria feliz se..."

"Se os meus filhos fossem melhores leitores, aí então..."

"Nossos filhos seriam mais comportados se..."

Contentamento envolve confiança para viver a vida como ela é. Nós educamos nossos filhos *como eles são*. Quando aceitamos nossa vida real, nossos filhos reais e nosso casamento real, não precisamos mais duvidar de tudo. Não vamos culpar os outros. Não vamos perguntar coisas do tipo: "E se..." Não vamos constantemente nos criticar. Não vamos viver mais com aquela mentalidade do tipo "Se eu tivesse apenas..."

Quando somos capazes de nos contentar com o que realmente somos ou temos, não vamos presumir que "esta" ou "aquela" coisa nos tornaria pessoas mais felizes. Não vamos perder muito tempo pensando se deveríamos ter comprado uma casa diferente, casado com outra pessoa ou parado após ter tido duas filhas. Não vamos perder tempo sentindo raiva por causa de uma oportunidade perdida. Não vamos ficar obcecados por um comentário negativo sobre o nosso trabalho. Não vamos chorar sobre o leite derramado ou perder o lado bom da vida, porque estamos sempre à procura de algo maior do que conseguimos.

Contentamento significa que não iremos nos concentrar no que não temos, no que não podemos fazer, nem iremos achar que pode haver algo errado com tudo e todos ao nosso redor. Vamos estar cientes dessas coisas, porque sabemos que a vida não pode ser perfeita, mas não vamos nos concentrar nisso. Em vez disso, vamos nos concentrar no *que temos*, no que *podemos fazer* e no que há de bom neste mundo, incluindo a parte que nos cabe nele.

Contentamento e perfeccionismo não podem coexistir. Contentamento diz que estamos satisfeitos. Perfeccionismo diz que nunca estamos satisfeitos. Nossa satisfação é decorrente de termos expectativas reais sobre o nosso próprio eu. Isso só é possível quando nos conhecemos bem. Temos de ser honestos e saber que existem forças que ainda não foram devidamente aproveitadas ou fraquezas que consideramos permanentes e prejudiciais. Podemos nos comparar com nosso antigo eu, em vez de ter uma visão incompleta de quem somos ou de quem desejávamos ser. Nós resistimos ao impulso de determinar se estamos bem ou não, com base em comparações com outras pessoas.

Contentamento não é o mesmo que estar estagnado em um platô.

Devemos valorizar as nossas habilidades sem desenvolver orgulho e aceitar as nossas fraquezas sem deixar que elas nos derrotem. As pessoas contentes são confortáveis com o que possuem, apesar de quem são. Devemos aprender a ignorar os sinais estabelecidos pela cultura e até mesmo as palavras de "amigos" que nos dizem que devemos ter muito mais do que temos ou que poderíamos ser muito mais do que somos. Pais contentes não se comparam constantemente com os outros. Eles são mais gratos pelo que têm do que preocupados com o que não têm.

Adultos contentes com eles mesmos querem que seus filhos estejam contentes também. Eles aprenderam que isso não é o mesmo que estar estagnado em um platô ou sentir-se satisfeito com a mediocridade ou com menos do que sua capacidade ou seu potencial. Demasiadas vezes culpa e vergonha podem ser o resultado dessas decisões. Os pais que são contentes com eles mesmos aprenderam a valorizar a paz e querem que seus filhos experimentem o mesmo. Eles gostam da calma e da paz que acompanham o contentamento e esperam que os seus filhos possam saber isso bem. Eles também apreciam a alegria do contentamento e uma vida menos egoísta e menos dependente da opinião dos outros e querem que seus filhos possam experimentar essas mesmas qualidades.

O contentamento não faz com que os pais ou seus filhos se contentem com menos. O oposto é verdadeiro! O contentamento realmente nos permite arriscar mais. Esforçamo-nos para aprender algo novo. Podemos ter uma maior vontade para tentar uma promoção, porque nossa vida não depende de conseguir isso. Podemos ter pessoas para jantar em nossa casa sempre que desejarmos, mesmo que algo não esteja perfeito. Podemos até mesmo servir às visitas uma nova receita que ainda não experimentamos com nossa família antes.

Filhos contentes, que não foram ensinados a pensar "E se...?" nem a seguir o padrão da Síndrome da Grama Mais Verde, terão mais probabilidade de ser o que Deus planejou que eles fossem. Eles vão se sentir confortáveis em sua própria vida e aprenderão a ser satisfeitos com as suas forças pessoais, seus talentos e interesses. Eles usarão tudo isso e irão desenvolvê-lo para servir a Deus com o que têm. Suas fraquezas não vão assustá-los, defini-los ou controlar a vida deles.

Não é isso que queremos para nossos filhos? Queremos que sejam livres para que possam ser eles mesmos em um mundo que grita por conformidade. Ansiamos por ser seus incentivadores, apesar de seus erros. Queremos que sejam os melhores que puderem ser. Queremos que eles sejam eles mesmos – imperfeitos, mas tudo o que puderem ser.

Como chegamos lá? Como podemos orientar com clareza sem o anseio da perfeição? Como podemos ver nossos filhos por meio dos olhos de nosso Criador? Continue lendo! Há perguntas importantes a serem feitas a nossos filhos e lições que nós, mesmo como pais, devemos aprender.

A história de Cheri

Foi um completo desastre. Eu havia feito uma pergunta simples. Ela lançou seu pequeno corpo de cinco anos de idade ao chão. Fiquei imediatamente irritada. Meu tom de voz continuou subindo, cada vez mais alto, ao tentar inutilmente manter a calma. Meu primeiro instinto foi perguntar: "Você está brincando comigo?!" Minha segunda reação foi a de que eu precisava colocar aquela criança na cama. Rapidamente a minha pergunta se transformou em discussão e briga.

Depois de três filhos, incontáveis acessos de raiva e treze anos de maternidade, por que eu ainda deixava que esses colapsos chegassem até mim?

Perfeição.

É uma palavra feia.

Espero muito de meus filhos. Ignoro os sinais. Eu sabia que minha filha tinha ido para a natação, brincado, comido e se divertido durante todo o dia com os filhos da vizinha. Sabia que ela recentemente havia se recuperado de uma infecção no ouvido e na garganta. Sabia que ela não estava dormindo bem. Sabia que ela estava esgotada. Diante de todas essas circunstâncias, eu ainda esperava que ela cooperasse, sem discussão.

Depois de perceber o que eu estava fazendo, recuei acerca da minha demanda. Nós nos abraçamos. Ela parou de chorar e a paz foi selada. Começamos novamente. Não sou uma mãe perfeita. Não tenho filhos perfeitos. Superamos isso com graça, perdão e as lições aprendidas.

Não seja muito duro com seus filhos. Preste atenção às suas sugestões. Perdoe. Ame.[1]

---

1. Cheri Nixon, post no blog: "A perfeição é uma palavra feia", 17 de julho de 2013. Usado com permissão. www.hecticsweetness.com.

CAPÍTULO 2

O VÍRUS DA *Perfeição* BATE DE FRENTE COM A "PARENTALIDADE"*

As nuvens estavam baixas e a brisa, estimulante. As ondas eram fortes o suficiente para que os obstinados surfistas entrassem no mar. Depois de terem achado um bom local para surfar, eles esperavam pela onda perfeita. Não há nada de errado com os surfistas que buscam uma onda perfeita. Esperar por uma criança perfeita, por outro lado, não é a mesma coisa. Filhos não serão perfeitos. Eles são imperfeitos. São filhos, então vão cometer erros, isto é, na verdade, a maneira como eles aprendem a crescer e a progredir.

Os filhos raramente optam por procurar a perfeição por conta própria. Em vez disso, as expectativas e as reações de seus pais diante de seus erros os convencem de que eles não têm escolha. Como pais, exercemos grande influência sobre a maneira como nossos filhos pensam e

---

* NT. O conceito **"parentalidade"** vem sendo utilizado para descrever o conjunto de atividades desempenhadas pelos adultos de referência da criança, no seu papel de assegurar a sua sobrevivência e o seu desenvolvimento pleno. Esse termo é uma derivação do vocábulo original em inglês **"parenting"**.

se sentem acerca de si mesmos. Não tenha medo desse poder. Quando compreendemos e aceitamos isso, tomamos as medidas certas para manter com sucesso a perfeição longe de nossa vida como pais e mães.

O VÍRUS DA PERFEIÇÃO EM CASA

Em meu livro *Não existem mães perfeitas*, introduzi o conceito de Vírus da Perfeição – o efeito sobre nossa mente e nosso espírito das amplamente propagadas, e sempre relembradas, normas que vemos diariamente no nosso mundo e a nossa tendência deplorável de nos compararmos com os outros.

A saturação de mídia da nossa sociedade contribui para a instalação desse vírus perfeccionista:

> Vemos fotos de casas "perfeitas", corpos "perfeitos" e famílias "perfeitas" saltando na frente das capas dessas revistas quando andamos descuidadamente pelas calçadas e somos confrontadas com tantas informações que nos afetam de alguma forma. As fotos são retocadas por softwares profissionais, as histórias são editadas e a promessa de perfeição é aumentada apenas para vender revistas.
> Enquanto as revistas nos dão imagens fortes e impactantes para compararmos com o nosso corpo real e com as nossas casas reais, podemos agradecer a Hollywood por pintar imagens de relacionamentos irreais para nós. Cada novela ou seriado da TV apresenta e resolve algum tipo de problema em um episódio de trinta minutos de duração. Cada filme apresenta algum evento ou época de uma vida em que tudo se ajusta em apenas duas horas... Eles sofrem tantas edições que, na maioria das vezes, acabam deturpando o que realmente aconteceu em uma cena.[1]

Em nossa sociedade altamente conectada, conhecemos e mantemos um grande número de amigos e conhecidos, por isso temos numerosas pes-

---
1. Jill Savage. *Não existem mães perfeitas*. Santo André: Geográfica Editora, 2017.

soas com quem podemos comparar a nossa realidade com a visão percebida da realidade de todos eles! Se você passar algum tempo no Facebook, no Twitter ou no Instagram, logo saberá como é fácil a comparação entrar em jogo:

> Enquanto olhamos os posts com belas frases, imagens ou cenas de felicidade de alguém ou de uma família, pensamos: *Eu gostaria que meu filho pudesse dizer alguma coisa linda assim.* Ou *Eu gostaria de poder dizer algo agradável sobre o meu marido.* Em outras redes sociais, podemos, da mesma forma, desejar que tivéssemos mais criatividade ou ideias melhores, à medida que olhamos para todas as grandes sacadas ou projetos que as pessoas compartilham.[2]

Quanto mais comparamos, mais altas são as nossas expectativas e cada vez mais o Vírus da Perfeição se estabelece dentro de nós. Sem perceber, queremos que nossos problemas sejam resolvidos preferencialmente entre trinta minutos e duas horas. De forma inconsciente, desejamos que nossa pele pareça com a da modelo que acabamos de assistir no comercial da TV. Instintivamente, desejamos uma bela casa com flores na varanda, muito bem-arrumada e sem brinquedos espalhados pelo chão. Nossas expectativas são alimentadas por uma avalanche de cenas e imagens "perfeitas" que vemos em nossa sociedade saturada pela mídia.[3]

Sem perceber, vamos nos impregnando com uma suposta ideia de perfeição. É um processo sutil! Com essa ideia sempre presente de perfeição enchendo a todo momento os nossos olhos, não é de admirar que nossos desejos comecem a ser moldados pelas expectativas de uma casa perfeita, de um corpo perfeito, um marido perfeito, uma esposa perfeita e filhos perfeitos. Como o clima e a água do mar podem comprometer a estrutura de um castelo de areia na praia ao longo do tempo, a nossa satisfação pela vida real, isto é, a satisfação com nossas casas

---

2. Ibid.
3. Ibid.

reais, com nosso corpo real, com nosso casamento real e com nossos verdadeiros filhos, vem sendo comprometida. "Se não reconhecermos isso, o descontentamento pode se transformar em decepção, e então a decepção pode, eventualmente, se transformar em desilusão. No entanto, a desilusão não pode ser de fato resolvida, porque o que você está desejando – a casa perfeita, o trabalho perfeito, o marido perfeito – simplesmente não existe".[4]

Sem cuidado, o Vírus da Perfeição toma conta de nossas expectativas como pais. Quando isso acontece, entramos em um perigoso território que não só prejudica a nossa relação com os nossos filhos, mas também pode afetar a forma como eles veem o mundo e a si mesmos.

OS DEZ PERIGOS DO VÍRUS DA PERFEIÇÃO NOS PAIS

Há muitas consequências negativas resultantes do perfeccionismo. Talvez você concorde com isso, por ter sido criado em um ambiente cercado de expectativas impossíveis de alcançar. Você não quer criar esse mesmo ambiente para os seus filhos, mas não sabe como efetivamente educá-los de outra maneira.

Talvez você tenha visto outros pais criando expectativas muito altas nos filhos. Vi uma mãe se apavorar enquanto observava um pai dizendo ao próprio filho que ele poderia fazer melhor, depois de ter ganhado a prova de natação, simplesmente porque o garoto não havia melhorado seu próprio tempo. Todos podiam, naquele momento, ver que o objetivo pessoal e egoísta desse pai, que o filho melhorasse o seu próprio tempo, não havia sido realizado. Aquele homem simplesmente não conseguia ver que o filho havia nadado bem e até vencido a competição!

Talvez você já tenha se surpreendido esperando muito de alguém. Só porque uma menininha de dois anos de idade é bem treinada, não significa que seu filho de dois anos já esteja pronto para fazer o mesmo. Suas expectativas talvez sejam definidas por uma experiência anterior

---
4. Ibid.

com outros filhos, levando você a comparar inconscientemente a força de vontade de seu terceiro filho com a de seus dois primeiros, que conseguiam realizar tudo numa boa e sem maiores dificuldades.

Independentemente de nossas experiências com expectativas mais elevadas, ou uma criação perfeccionista, é importante entender o poder que temos como pais para influenciar a forma como os nossos filhos veem a si mesmos e o mundo em que estão inseridos. Por causa desse poder, devemos ser encorajados e disciplinados para examinarmos a nós mesmos e os nossos relacionamentos com nossos filhos.

Será que *eles* pensam que esperamos que sejam perfeitos? Não importa tanto o que dizemos querer. O que importa é o que eles assimilam por causa do nosso estilo como pais.

Em um esforço para compreender plenamente o poder resultante e os efeitos decorrentes de esperarmos a perfeição na vida dos outros, vamos examinar os dez perigos do perfeccionismo. Veja se você pode considerá-los de duas maneiras: 1) por sua própria experiência de infância e 2) por intermédio dos olhos de seus filhos.

Perigo 1: Filhos não vão pedir ajuda porque não admitem que precisam.
Isso pode ser relativamente inofensivo quando eles precisam apenas de ajuda com a lição de casa, mas se torna perigoso se não podem pedir ajuda para lidar com um valentão ou com um problema no namoro. Queremos que os nossos filhos sintam-se seguros para perguntar sobre qualquer coisa. Pessoas que se sentem confortáveis fazendo perguntas são pessoas que sabem que é normal não entender sobre tudo. Eles compreendem que "não saber" é normal. Quando os filhos têm medo de fazer perguntas, eles geralmente pensam que não há problema algum em não saber alguma coisa e que pessoas perfeitas não precisam de ajuda.

Pergunte a si mesma: Quando era uma criança, eu tinha medo de perguntar algo aos meus pais para obter ajuda?

Pergunte a si mesma: Como mãe, eu vejo o meu filho ter medo de me pedir ajuda?

Perigo 2: Filhos vão resistir a experimentar coisas novas.

Quando os filhos são forçados a experimentar algo novo, eles ficam preocupados e inseguros, porque é difícil ser perfeito diante de um novo desafio. Portanto, eles aprendem menos e experimentam menos da vida. Eles recuarão e não irão atingir seu potencial. Filhos ousados e dispostos a tentar coisas novas não têm medo de fracassar. Eles sabem que têm de começar algum dia de algum lugar e que a primeira vez é apenas isso: a primeira vez! Quando os filhos têm medo de experimentar coisas novas, geralmente pensam que *pessoas perfeitas nunca cometem erros*. Os filhos podem ter medo de tentar coisas novas, se acharem que pessoas perfeitas jamais falharão.

Pergunte a si mesma: Quando era criança, eu tinha medo de tentar coisas novas?

Pergunte a si mesma: Como mãe, vejo o meu filho ter medo de tentar coisas novas?

Perigo 3: Filhos que não cometem erros não desenvolverão resiliência.

A arte de voltar e recuperar a força rapidamente é importante. Porque tentam evitar erros a todo custo, quando esses filhos falham, podem ficar esmagados. Um tipo de paralisia emocional pode impedi-los de fazer novas tentativas. Eles provavelmente acreditarão que erros são coisas tão terríveis que devem ser evitados, então vão querer ficar o mais longe possível dessa experiência. A falha é percebida por eles como sendo uma experiência muito pior do que ela realmente é. Esses filhos dizem a si mesmos que "os erros são terríveis!"

Pergunte a si mesma: Quando criança, eu era resiliente e não tinha medo de cometer erros?

Pergunte a si mesma: Como mãe, posso ver o meu filho sendo resiliente e sem medo de cometer erros?

Perigo 4: Filhos vão se relacionar com os pais em uma perspectiva de medo.

Esses filhos não vão querer cometer erros na frente de seus pais e não vão querer que seus pais saibam sobre os erros que eles já cometeram. Eles podem tentar esconder e até desejar que seus erros sejam simplesmente apagados. Não vão querer decepcionar seus pais nem ouvir críticas que são frequentes nessa relação. Eles pensam: "Meus pais vão ficar furiosos se descobrirem que errei outra vez."

Pergunte a si mesma: Quando criança, eu tinha medo de meus pais descobrirem sobre as minhas bagunças?

Pergunte a si mesma: Como mãe, vejo meus filhos tendo medo de mim ou de que eu descubra alguma coisa errada que tenham feito?

Perigo 5: Filhos podem desenvolver uma perspectiva crítica e negativa de si mesmos e dos outros.

Já que os pais perfeccionistas são, na maioria das vezes, negativos e críticos, os filhos assimilam essa cultura familiar. Essa negatividade vai afetar seus relacionamentos com familiares, colegas e autoridades. Eles provavelmente desenvolverão uma visão distorcida sobre si mesmos e suas habilidades. Em vez de ver o bem, vão focar o mal. "Não posso fazer nada direito, mas também ninguém pode. Pelo menos não sou o único a falhar."

Pergunte a si mesma: Quando criança, eu me sentia criticada pelos meus pais?

Pergunte a si mesma: Como mãe, o meu filho ouve de mim mais palavras negativas ou positivas?

Perigo 6: Filhos podem esperar perfeccionismo dos outros, mesmo que eles não possam atender às expectativas que têm de si mesmos.

Por causa dessa expectativa de perfeição, as pessoas vão regularmente desapontar esses filhos. Eles não estarão livres para serem quem são. Quando todo mundo está escondendo erros que poderiam ser descobertos, as relações não são profundas, nem mesmo reais. A falta de autenticidade e de honestidade resulta em relacionamentos superficiais ou falsos. Amizades saudáveis são improváveis.

Enquanto eu crescia, não tinha muitas amizades e frequentemente me via desapontada com os amigos que tinha. Olhando para trás agora, percebo que isso resultou das minhas grandes expectativas em relação a mim e às outras pessoas. Pensei muitas vezes: "Por que não tenho nenhum amigo de verdade com quem eu possa apenas me divertir um pouco?"

Pergunte a si mesma: Enquanto crescia, eu tinha dificuldade com amizades ou com elevadas expectativas acerca dos outros?

Pergunte a si mesma: Como mãe, vejo meus filhos terem expectativas elevadas demais sobre os outros?

Perigo 7: Filhos vão concentrar-se principalmente no que não podem fazer em vez de focarem o que podem fazer.

Já que os pais perfeccionistas apontam para o que os filhos fazem de errado, em vez de reconhecerem o que eles fazem bem, seus filhos se concentrarão mais no que eles não podem fazer.

Conhecer as fraquezas e as dificuldades sem conhecer as forças e as qualidades de alguém, não é uma boa combinação. É provável que a lista de fraquezas de seus filhos seja grande, e isso pode, infelizmente, fazer com que eles sejam menos produtivos, levando uma vida sem propósito, caso você veja apenas o lado mais fraco deles. Por exemplo, falar em público não é fácil para Kathy, mas ela é ótima com as palavras escritas. Ao escrever, isso lhe permite escolher sinônimos que a fazem se expressar de uma forma fácil e cativante. Ela aprendeu a usar uma enciclopédia em vez de um dicionário. Ela também usa os recursos do Microsoft Word melhor do que ninguém. E conseguiu se afirmar ao longo dos anos pelas suas ideias e pela sua capacidade de usar bem a palavra escrita. Kathy, por

O Vírus da Perfeição bate de frente com a "parentalidade"

fim, decidiu que poderia ser uma escritora ou jornalista, apesar de suas dificuldades. Seu dom precioso teria sido pouco desenvolvido, mas não foi, já que seus pais não focaram suas fraquezas.

Ao contrário de Kathy, os filhos criados com uma maior consciência apenas de suas fraquezas, mas sem uma forte visão dos pontos fortes que possuem, não serão capazes de fazer muita coisa. Eles mesmos duvidarão de que podem fazer progressos. Eles entenderão suas fraquezas como condições permanentes que vão diminuir ainda mais sua esperança. E vão pensar que seus pais sempr encontrarão algo de errado no que fazem. Pensam que não podem fazer nada direito e que nunca irão melhorar. Concentrar-se nos pontos fracos e nas dificuldades, pode tornar os filhos desanimados com a possibilidade do progresso.

Pergunte a si mesma: Quando criança, eu estava mais atenta aos meus pontos fortes ou aos meus pontos fracos?

Pergunte a si mesma: Como mãe, posso ver meus filhos se concentrando mais em seus pontos fortes ou em seus pontos fracos? Em que eles estão mais focados?

Perigo 8: Filhos que esperam ser perfeitos podem hesitar em lutar e acreditar no seu sucesso por causa do estresse.

Alguns filhos cometem erros de propósito, porque não ser perfeito é menos estressante do que atingir as expectativas dos pais colocadas sobre eles. Eles sabem que as exigências serão elevadas para um desempenho ainda melhor no dia seguinte. Uma vez que os pais descobrem que os filhos são capazes de fazer algo, eles não gostam de aceitar nada a menos. Isso impõe fortes pressões na vida dos filhos. Certa vez, um rapaz olhou diretamente para Kathy, quando eles estavam falando sobre seu mau comportamento. Ele, confiantemente, disse: "Sei como fazer a minha cama e eu poderia fazer isso, mas não vou". Quando Kathy perguntou por que, ele respondeu: "Se a minha mãe souber que posso fazer isso, ela vai gritar ainda mais quando eu não fizer. Pelo menos agora ela não tem certeza." Às vezes os filhos pensam: "Eu poderia fazer mais, mas não farei, para os meus pais não descobrirem. Apesar de eles estarem tristes comigo agora, não quero que fiquem loucos também."

Pergunte a si mesma: Quando criança ou adolescente você também quis fazer menos esforço para manter o estresse afastado?

Pergunte a si mesma: Como mãe, será que meus filhos estão com um baixo desempenho para se manterem longe de minhas cobranças?

Perigo 9: Filhos não vão acreditar nem experimentar a beleza do amor incondicional.

Filhos de pais perfeccionistas podem tentar ganhar o amor deles, atenção e aceitação por serem bons o suficiente ou fazer as coisas da melhor maneira ou até mesmo perfeitamente. Eles podem sentir que sempre precisam obter um bom desempenho, para manter seus pais felizes e orgulhosos.

Um adolescente me disse: "Eu gostaria muito de sentir como se meus pais me amassem todo o tempo, mas me sinto como se me amassem apenas quando faço as coisas do jeito que eles querem."

Quando as expectativas são demasiadamente elevadas, os filhos podem pensar que seus pais não os amam ou que simplesmente amam o que eles fazem perfeitamente.

Pergunte a si mesma: Como filha, eu sinto o amor incondicional dos meus pais?

Pergunte a si mesma: Como mãe, posso demonstrar amor incondicional aos meus filhos?

Perigo 10: Exigir nada menos do que a perfeição pode influenciar negativamente o crescimento espiritual dos filhos e, com isso, afetar o relacionamento deles com o Deus da Bíblia.

Já que aprendem a não pedir ajuda aos seus pais, os filhos podem querer não pedir ajuda a Deus quando precisam. Como eles aprenderam a esconder as suas lutas e os seus erros dos pais, eles podem tentar fugir de Deus quando pecarem. Assim, jamais poderão experimentar a graça e o amor incondicional do Pai. Eles vão tentar ganhar o seu amor e o seu respeito, como tentaram fazer com seus pais. Além disso, se acreditam de verdade que podem ser perfeitos, eles podem concluir que não precisam de Jesus para tudo na vida. Eles podem pensar que serão capazes de se salvarem sozinhos e que não precisam de um Salvador.

Pergunte a si mesma: Quando era criança, eu tinha medo de Deus?

Pergunte a si mesma: Como mãe, os meus filhos conhecem e aceitam bem o amor e a graça de Deus?

Enquanto eu considerava cada uma dessas questões, tinha em mente algumas respostas variadas. Adquiri algumas tendências perfeccionistas em minha forma de educar meus filhos e lidar com eles, mas não estou convencida de que tudo isso me veio apenas por causa da forma como fui educada em casa pelos meus pais. Algumas dessas características parecem ser intrínsecas à minha pessoa como parte do meu temperamento e de minha personalidade. Isso pode ser verdade para alguns de seus filhos também. Ao mesmo tempo, também posso ver como a tentativa firme e natural dos meus pais para que eu realizasse tudo de forma perfeita, alimentou minha tendência natural para também buscar a perfeição. Como pais, precisamos conhecer os nossos filhos. Precisamos ser perspicazes, observadores e vigilantes. Você observa potenciais perfeccionistas entre seus filhos? Quando você destacar o *esforço* tanto quanto a *realização*, a sua influência pode ser usada para trazer equilíbrio para aquele que já demonstra tendências perfeccionistas.

Enquanto você lia sobre os dez perigos, percebeu que seu filho possui alguns dos comportamentos descritos? Talvez você não tivesse ainda percebido que o Vírus da Perfeição já havia atingido essa criança. Você reparou ou compreendeu melhor o que pode estar acontecendo na cabeça dela? Acima de tudo, você pode ser mais sensível e perceptiva hoje do que era ontem. E a mudança é possível!

QUAL A DIFERENÇA ENTRE PERFEIÇÃO E EXCELÊNCIA?

A fim de compreender plenamente o Vírus da Perfeição em nossa própria vida e em nossos pais, é importante entendermos a diferença entre a perfeição e a excelência. Queremos fazer o nosso melhor e queremos que nossos filhos também façam o seu melhor, mas quando é que a excelência pode se transformar em perfeição? Algumas respostas curtas são:

> A excelência é algo bem feito. A perfeição é algo feito sem falhas.
> A excelência é atingível. A perfeição é inatingível.
> A excelência é positiva. A perfeição é negativa.
> A excelência é satisfatória. A perfeição nunca está satisfeita.
> A excelência é libertadora. A perfeição aprisiona.
> A excelência permite o fracasso. A perfeição pune qualquer fracasso.
> A excelência espera que erros ocorram. A perfeição não admite erros.
> A excelência faz crescer. A perfeição faz morrer.
> A excelência está aprendendo. A perfeição está realizando.
> A excelência é aberta. A perfeição é fechada.
> A excelência é motivada pela confiança. A perfeição é motivada pelo medo.
> A excelência vem de Deus. A expectativa de perfeição vem do mundo.

Qual o impacto que a escolha pela excelência no lugar do perfeccionismo causa no mundo real? Deixe-me dar um exemplo: Uma mãe deveria preparar o lanche para o time de futebol de seu filho. Seu desejo era preparar algo caseiro. No entanto, seus dois filhos ficaram doentes, seu marido precisou ficar depois do horário na empresa fazendo hora extra e seus pais idosos, que vivem nas proximidades de sua casa, precisaram de mais assistência do que o habitual. Diante disso,

O Vírus da Perfeição bate de frente com a "parentalidade"

nessa semana, cozinhar em casa não foi algo que pôde ser realizado. Para honrar seu compromisso, ela comprou biscoitos e pães doces na padaria perto de casa. Essa foi uma excelente escolha com base em suas limitações e levando em consideração tudo o que estava acontecendo em sua vida nos últimos dias. Essa escolha não lhe trouxe nenhuma sensação de fracasso. Ela conseguiu o que precisava realizar da melhor maneira para a sua família.

A excelência permite muitas formas de conseguir alguma coisa. Ela se adapta ao momento e ao contexto. Já a perfeição diz que há apenas um jeito de se realizar algo. Não há nenhum contexto, ou consideração, que possa ser levado em conta.

A perfeição rouba a nossa alegria e resulta na falta de esperança. Ela nos define pelas falhas. Se esperarmos perfeição, ficaremos constantemente desapontados. E se esperarmos que os outros sejam perfeitos, nós nos tornaremos exageradamente críticos e pessoas difíceis de se conviver.

A excelência nos motiva a fazer o melhor dentro dos limites da realidade de nossos temperamentos, nossos talentos e nossas circunstâncias. Nós fazemos o que deve ser feito no contexto de todas essas coisas. Quando procuramos excelência, trabalhamos para um objetivo que é suavizado com a graça. Quando esperamos a excelência dos outros, estabelecemos metas e os incentivamos sob o guarda-chuva da graça, que leva em conta a humanidade, os erros e tudo mais.

Somos motivados pela excelência do nosso relacionamento com um Deus amoroso e cheio de graça, que está nos aperfeiçoando todos os dias. Sentimo-nos encorajados por Colossenses 3.23, com estas palavras: "Tudo o que fizerem, façam de todo o coração, como para o Senhor, e não para os homens." A excelência acontece quando damos o nosso melhor a Deus, sabendo que o nosso melhor pode não ser perfeito, porque a perfeição não pode acontecer aqui na terra. A excelência acontece quando damos o nosso melhor a Deus, sabendo que isso não será perfeito, mas será sincero.

Excelência é capacitar. Perfeição é rejeitar. Quero ser capacitada como esposa, mãe, filha, irmã e amiga. É por isso que resistir à perfeição é tão importante. Quero estar contente com quem os meus filhos realmente são, em vez de lamentar o que não são. Quero ver as possibilidades, e não as incapacidades de cada filho que Deus me deu.

Quando olho para o mundo e, especialmente, para os meus filhos através das lentes que o Vírus da Perfeição me oferece, minha perspectiva fica distorcida e não sou capaz de ver as coisas como realmente são.

O Vírus da Perfeição mantém minhas inalcançáveis expectativas em relação a mim e aos outros. Quando comparo o meu "filho sonhado" com o meu filho real, o Vírus da Perfeição amplia a distância e me impede de conhecer realmente o meu filho, celebrando quem ele de fato é.

No entanto, não há necessidade alguma de sentir culpa ou vergonha do passado. Estou escrevendo para lhe dar esperança para o amanhã. Há uma maneira de erradicar o Vírus da Perfeição que existe em nós como pais. Antes de avançarmos para outros assuntos importantes que nossos filhos guardam no coração e como aceitar, de uma forma prática, nossos filhos perfeitamente imperfeitos, queremos atentar para a cura do Vírus da Perfeição em relação à educação deles e ao cotidiano da nossa família. O prognóstico é animador se, em primeiro lugar, aplicarmos os antídotos em nosso próprio coração.

A CURA PARA O VÍRUS DA PERFEIÇÃO NOS PAIS

Anna Quindlen certa vez escreveu: "A única coisa realmente difícil, e realmente incrível, é desistir de ser perfeita e começar o trabalho de tornar-se você mesma." Ela está bem próxima da cura! Quando reconhecemos o Vírus da Perfeição em nossa própria vida, resistimos à tentação de nos compararmos aos outros e aceitamos quem realmente somos, experimentando, assim, um incrível senso de liberdade e contentamento.

Em *Não existem mães perfeitas*, apresentei os antídotos da humildade, confiança, coragem e graça que nos ajudam a erradicar o Vírus da

O Vírus da Perfeição bate de frente com a "parentalidade"

Perfeição de nossa vida. Quando isso diz respeito à forma como agimos no papel de pais, acredito que existem antídotos semelhantes que contribuem para mantermos o Vírus da Perfeição longe de nossa família, ajudando-nos a resistir à tentação de comparar os nossos filhos com os filhos dos outros e nos auxiliando a aceitar quem eles realmente são. Quando aplicados, esses antídotos ajudam a criar um ambiente familiar que oferece aos nossos filhos a liberdade de serem plenos e autênticos. Eles experimentam o contentamento e uma sensação de segurança e de confiança quando seus pais lhes permitem ser totalmente quem Deus os criou para ser.

Os antídotos contra o Vírus da Perfeição no relacionamento com os nossos filhos são a compaixão, a sensibilidade, a aceitação e o amor. Vamos explorar melhor cada um deles.

Compaixão

Anos antes de ter levado a sério essa abordagem acerca do Vírus da Perfeição em minha vida, eu era uma mãe do tipo "motivadora". Não deixava ninguém se abater com a dor e tudo estava sempre bem. Não permitia que qualquer decepção abatesse os meus filhos. Eu dizia a eles que olhassem sempre para frente, pensando no futuro. No entanto, Deus foi trabalhando em minha vida e mudando meu coração sobre isso. Às vezes, só preciso ouvir os meus filhos. É preciso sentir a dor que eles sentem, sem a necessidade de corrigi-los.

Palavras como *empatia* e *compaixão* nem sempre fizeram parte do meu dicionário. Não me interpretem mal. Quando meu filho caía e ralava o joelho, eu era rápida em socorrê-lo e levá-lo para a minha cadeira de balanço, confortando-o no colo, até que as lágrimas parassem. Sempre fui boa para cuidar de dores físicas. É com a dor emocional que às vezes não era boa. Sendo honesta, reconheço que nem sempre as pessoas souberam entender a minha própria dor emocional.

Isso é difícil de admitir, mas é verdade. Depois de ouvir e de encorajar pais por mais de vinte anos, sei que não estou sozinha. Lidar com a dor emocional é difícil para quase todo mundo. A maioria de nós não recebeu isso de nossa família de origem. Francamente, até hoje não é confortável entrar em sintonia com os nossos sentimentos que, muitas vezes, nos deixam vulneráveis. Falta-nos autocompaixão, que é o primeiro passo para mostrarmos compaixão para com aqueles que amamos.

Num esforço sincero para aprender a ouvir com empatia os que me são mais queridos, tenho pensado como declarações como estas são úteis:

"Aposto que isso foi muito decepcionante."

"Tenho certeza de que isso abalou profundamente o seu coração."

"Isso parte meu coração. Imagino que fez o mesmo com o seu."

"Eu sinto muito. Tenho certeza de que foi doloroso para você experimentar isso."

Estou descobrindo que ouvir com empatia reforça a confiança e constrói intimidade com os filhos. Isso os ajuda a se sentirem valorizados e amados. E também está me ajudando a desacelerar, a ficar mais perto e a realmente conectar-me com aqueles que eu amo.

A autora e palestrante Tammy Maltby compartilhou comigo a seguinte frase: "Compaixão é uma escolha. Devemos escolher para ver. Devemos decidir nos aproximar de outra pessoa e chorar quando ela chora. Usamos nossas lágrimas e dores para melhorar nossos relacionamentos e para construir uma ponte para a realidade de alguma outra pessoa. É uma das ferramentas mais poderosas de Deus."

Aprender a ouvir com empatia reforça a confiança e constrói a intimidade com os filhos.

Sentir ou corrigir? A compaixão sente. Ela constrói pontes. Na próxima vez que sua filha tiver um dia ruim, tente se aproximar e "sentir" o que ela sente. Resista ao impulso de corrigir ou de dar uma lição de moral. Quando seu filho lhe contar uma história sobre algo que aconteceu com ele, coloque-se intencionalmente no lugar dele e procure "sentir" a dor ou o entusiasmo dele. Fazendo isso, você vai aplicar o antídoto da compaixão, que lhe permitirá criar um sentimento de segurança em sua casa e nas relações que são mais importantes para você.

Sensibilidade

Como mãe, você sabe que é importante estar em sintonia com os filhos. Do que eles gostam? Do que eles não gostam? Será que precisam de um tempo sozinhos? São criativos? Gostam de esportes? São talentosos para a música? O que é realmente importante para eles?

Devo admitir que, com cinco filhos, houve momentos em que simplesmente eduquei "a turma". Eu os vi como um grupo, em vez dos indivíduos que eles de fato são. Quanto mais sensível me tornei, mais fui capaz de vê-los como seres humanos únicos que têm diferentes personalidades, temperamentos e habilidades.

Sensibilidade não só nos ajuda a ver como um filho é, mas também nos capacita a nos aproximarmos da forma como ele está agindo emocionalmente. Os filhos geralmente não vão até você e dizem: "Eu estou triste hoje." Em vez disso, eles procuram um irmão para falar ou simplesmente se retiram e ficam aparentemente tranquilos. Sensibilidade lê os sinais que um filho está enviando.

Em seu livro *The Passionate Mom* (A mãe apaixonada), Susan Merrill diz que há quatro maneiras de aumentar a sua sensibilidade: Pense, participe, escute e espere.[5]

Pense: preste atenção ao que está acontecendo ao seu redor. Quantas vezes ouvimos ou vemos coisas sobre as quais realmente não pensamos? Podemos facilmente perder as lágrimas escorrendo pelo rosto de uma filha enquanto ela passa correndo pela porta e sobe as escadas, porque estamos completamente absortas em nosso computador.

---

5. Esses pontos de ensino foram adaptados por Hearts at Home de uma apresentação de Susan Merrill, autora de *The Mom Passionate* (A mãe apaixonada) (Nashville: Thomas Nelson, 2013).

Participe: faça perguntas. Envolva-se na vida do seu filho. Entre em seu mundo para que você realmente saiba o que está se passando em seu coração e em sua mente. Se você tem um bebê ou uma criança pequena, resista ao impulso de verificar o seu celular enquanto está empurrando o carrinho no parque. Se você tem filhos mais velhos, faça perguntas sobre como eles se sentem a respeito de determinados aspectos da vida.

Escute: ouça para entender. Resista ao impulso de instruir ou de corrigir. Seu objetivo é ser sensível sobre o que está acontecendo no mundo do seu filho. E se seus filhos são pequenos, ouça com atenção a diferença em cada um de seus gritos. Preste atenção a estímulos no comportamento deles que indicam quando estão cansados, com fome ou mesmo tristes! Se eles já são mais velhos, ouça não só as palavras que falam, mas também o coração deles. O que está por trás das palavras dos seus filhos?

Espere: esperar até ele terminar de se comunicar antes de analisar tudo com os seus próprios critérios. Muitas vezes nós, pais, entramos com nossas próprias ideias e soluções, cortando a oportunidade para que nossos filhos cheguem às suas próprias conclusões. Resista à tentação de pensar no lugar dos seus filhos, espere pacientemente e deixe-os pensar por si mesmos. Agir assim fará com que você expanda a sua capacidade de perceber o que está acontecendo no coração e na mente deles.

Quando aplicamos o antídoto da sensibilidade, estamos buscando harmonizar o nosso coração com o coração de nossos filhos, apenas por poder olhar algo com mais cuidado e atenção. Da mesma forma como fazemos para sintonizar uma estação de rádio no som do nosso carro, a sensibilidade nos permite entrar em sintonia com o coração e a mente de um filho. Esse antídoto nos leva a partir de uma relação superficial e "perfeccionista" para uma relação intuitiva e profunda com nossos filhos.

Aceitação
Todo ser humano tem dentro de si a necessidade de pertencer. Queremos saber que as pessoas acreditam em nós, nos aprovam e nos aceitam pelo

O Vírus da Perfeição bate de frente com a "parentalidade"

que somos. Nós nos importamos especialmente com o que os nossos pais pensam a nosso respeito.

No meio dos erros, das escolhas ruins ou dos progressos, precisamos garantir que nossos filhos saibam que eles são amados e aceitos. Queremos que saibam que eles pertencem a nós, não importa o que façam. A aceitação não somente é necessária quando eles erram, mas também precisa acontecer quando nossos filhos são simplesmente diferentes de nós.

> *A graça é quando nós merecemos punição, mas recebemos a misericórdia.*

Ao considerar aceitar as diferenças de sua filha, uma mãe descobriu o seguinte: "Eu, pessoalmente, tenho sofrido com tamanha importância que venho colocando em minha aparência pessoal. Então percebi que estava tentando controlar a aparência da minha filha como se ela fosse a minha extensão. Mas ela não é. Ela é uma pessoa, e eu preciso tratá-la como tal e deixá-la se expressar de maneira apropriada." Essa sábia mãe olhou profundamente e viu o perigo da direção para a qual ela estava indo. Ela se viu rejeitando sua filha porque sentiu que a menina representou o seu lado mau na forma como ela se vestia.

Então, como vamos levar a sério o antídoto da aceitação? Aqui estão seis maneiras de aceitar melhor o seu filho:

1. **Preste atenção ao seu pensamento.** Muitas vezes, pensamos coisas sobre outra pessoas, sobre nosso cônjuge e nossos filhos, mesmo sem perceber. Quando prestamos mais atenção aos nossos pensamentos, podemos realmente movê-los para uma direção diferente. A Bíblia chama isso de "levar cativo todo pensamento" (2Coríntios 10.5). Preste atenção ao que você está pensando. Se você perceber que em sua mente há julgamento, lembre-se de que você está trabalhando para ser mais aceito. Nós podemos realmente conduzir os nossos pensamentos e levá-los em uma direção diferente.

2. **Tenha cuidado de não pensar em preto e branco.** É muito fácil pensar que seu caminho é o certo ou o único que existe. Seu filho pode ter uma maneira diferente de pensar e de fazer as coisas. Claro que pode ser mais difícil ou não ser eficiente no tempo, mas que também está correta. Lute para parar de rotular sua maneira de fazer as coisas como a "correta". Minha amiga Rhonda diz: "Lembre-se de que 2 + 2 = 4 da mesma forma que 3 + 1 e 4 + 0. Existem diferentes maneiras de se chegar ao mesmo resultado."

3. **Olhe pelo lado positivo.** Quando não podemos aceitar algo ou alguém, geralmente é porque estamos apenas olhando para o lado negativo de uma situação ou de uma pessoa. Quando buscamos de maneira profunda, geralmente podemos encontrar alguns pontos positivos sobre uma criança ou sobre a forma como uma criança faz algo.

4. **Pare de julgar a si mesmo.** Nossos julgamentos acerca dos outros são muitas vezes o resultado de nossas críticas pessoais. Se pararmos de colocar pressão sobre nós mesmos para fazer as coisas da maneira "certa", também vamos parar de colocar pressão em nosso cônjuge e em nossos filhos. Não julgar a nós mesmos e aos outros é um passo fundamental para a aceitação.

5. **Concentre-se no momento.** A falta de aceitação pode nascer das comparações com as coisas do passado. Dizemos que "Isso foi exatamente como eu fiz com o meu filho mais velho", ou "É assim que tem de ser feito." Em vez de pensar sobre como algo foi feito no passado, pense no agora. Comparações com o passado costumam impedir a aceitação de algo do presente.

6. **Revertendo a situação.** Pergunte ao seu coração: O que aconteceria se eu fosse a pessoa que estivesse recebendo essa minha atitude ou essas minhas palavras? Como me sentiria? Quando nos colocamos no lugar de outra pessoa, temos mais facilidade

para aceitá-la porque pensamos sobre como ela pode se sentir sendo rejeitada ou corrigida o tempo todo.[6]

Amor

É uma das palavras mais usadas em nosso vocabulário e tem um amplo leque de significados. "Eu amo picanha" é completamente diferente do uso da palavra na frase "Eu te amo" pronunciada em um casamento enquanto é feito um compromisso para toda a vida ou na frase "Eu amo os meus filhos" mesmo quando não me sinto tão feliz com eles.

O amor é uma mistura de afeto, devoção e lealdade. É parte emoção e parte compromisso. O verdadeiro amor – o amor incondicional – é esperança misturada com a realidade da vida.

Nós aprendemos sobre o amor de Deus, que é perfeito, incondicional e infinito. A Bíblia nos dá uma bela imagem de como o amor é vivido diariamente no "Capítulo do Amor", 1Coríntios 13, frequentemente lido em casamentos.

> O amor é paciente, o amor é bondoso. Não inveja, não se vangloria, não se orgulha. Não maltrata, não procura seus interesses, não se ira facilmente, não guarda rancor. O amor não se alegra com a injustiça, mas se alegra com a verdade. Tudo sofre, tudo crê, tudo espera, tudo suporta (1Coríntios 13.4-7).

Nossos filhos imperfeitos precisam saber que nosso amor nunca corre o risco de diminuir. Ele protege, confia, espera e persevera. Mesmo sem perceber, no entanto, alguns pais, às vezes, usam esta equação: mau comportamento = diminuição do afeto. É uma resposta natural do ser humano ao desapontamento e à frustração, mas não é uma reação saudável.

---

6. Adaptado de Dani Dipirro, post no blog "E se você aceitasse as pessoas como elas são", Positively Present, Novembro de 2011, www.positivelypresent.com.

Quando Deus entra em nossa vida, ele nos pede que neguemos a nós mesmos e o sigamos. Isso também significa resistir à maneira que queremos reagir e, em vez disso, escolher dar uma resposta da maneira como Deus quer que respondamos. Há uma batalha que acontece dentro de nós entre fazer as coisas do nosso jeito e fazer as coisas do jeito de Deus. Quando deixamos Deus vencer essa batalha, alcançamos outra etapa de maturidade em nossa fé. Nós também começamos a experimentar um sentimento de alegria quando lidamos com as coisas à maneira de Deus em vez de ao nosso próprio modo.

Vamos dar uma olhada em como 1Coríntios 13.4-7 pode, de forma prática, afetar o jeito como amamos nossos filhos diariamente. Você não será capaz de fazê-lo perfeitamente porque somos todos um trabalho em progresso! No entanto, você pode permitir que estas questões se instalem em seu coração e comecem a moldar você.

O amor é paciente. Sou paciente com meu filho que é tão diferente de mim?

O amor é gentil. Sou gentil quando meu filho leva muito mais tempo para fazer algo do que acho que deveria?

O amor não inveja. Desejo que meu filho seja mais como o filho de alguma outra mãe?

O amor não se vangloria. Sou rápida para compartilhar o que meu filho faz bem ou para ocultar as áreas em que ele parece não ser capaz de realizar algo?

O amor não é orgulhoso. Sou hesitante para compartilhar o que estou realmente fazendo ou o que o meu filho está realmente fazendo com medo do que as pessoas vão pensar?

O amor não desonra os outros. Nunca vou desonrar o meu filho, exigindo que ele seja alguém diferente da pessoa singular que Deus o fez para ser?

O amor não é egoísta. Sou sempre egoísta em minhas atitudes e interações com meu filho?

O Vírus da Perfeição bate de frente com a "parentalidade"

O amor não se irrita facilmente. Quanta energia desperdiço ficando zangada com o meu filho?

O amor não mantém registro dos erros. Tenho uma lista sempre atualizada na minha cabeça de tudo o que meu filho fez de errado?

O amor não se alegra com a injustiça, mas se regozija com a verdade. Mantenho minha mente focada na verdade de Deus a respeito do meu filho?

O amor protege. Protejo este ser humano único que Deus confiou a mim, mesmo quando ele desafia minha autoridade?

O amor confia. Confio que Deus tem em mente um plano maior para a vida do meu filho? Acredito que Deus sabe o melhor para o seu futuro e eu não?

O amor espera. Espero e acredito pelo melhor para esta criança ou eu temo o que o amanhã pode trazer?

O amor persevera. Mantenho minha mente focada nas possibilidades futuras em vez de focar as dificuldades e os desafios com os quais tenho de lidar hoje?[7]

O VÍRUS DA PERFEIÇÃO ERRADICADO

Se você deseja dar a seus filhos a liberdade de serem quem eles realmente são, isso começa em você. Você tem de entender que o Vírus da Perfeição existe. É necessário estar ciente de que esse vírus pode causar danos na sua relação como mãe ou pai. E tem de saber a diferença entre excelência e perfeição e como aplicar os antídotos em sua vida para então poder dar aos seus filhos o dom de serem plenamente quem Deus os criou para ser.

Você consegue fazer isso! Agora vamos tentar compreender melhor a mente do seu filho e aplicar o que aprendemos. Vamos olhar para as principais questões de identidade que cada criança, silenciosamente, questiona e como nós, pais, podemos responder a essas perguntas de uma forma que lhes dê asas para voar!

---

7. Savage, *Não existem mães perfeitas*, pp. 68-69.

A história de Leah

Há algum tempo eu era uma jovem mãe que sabia tudo. Eu era realmente boa nessa coisa toda sobre maternidade e disciplina, e meus filhos sempre foram muito bem comportados, pelo menos em público.

Um belo dia, levei meus filhos para uma festa em nossa cidade. Kathryne, minha filha mais velha, tinha uns cinco anos naquela época. Charles tinha três. E Ashlyne, minha terceira, ainda era bebê. Na festa havia algumas atividades especiais, incluindo uma grande casa inflável. Tenho sentimentos variados sobre casas infláveis. Por um lado, é muito boa para as crianças saltarem e brincarem sem muito perigo de se machucarem, especialmente quando não há muitas delas pulando juntas. Por outro lado, muitas crianças juntas é quase uma garantia de confusão e contusões. Sabendo disso, relutantemente deixei os meus filhos mais velhos entrarem no brinquedo.

Fiquei do lado de fora com a bebê no colo e tentei vigiar os mais velhos através das "janelas" da casa. Depois de alguns minutos, uma criança saiu rastejando pela abertura dizendo ao pai que ela estava saindo porque "Algumas crianças estão cuspindo lá dentro!". Fiquei horrorizada. Que maldade! Que atitude desprezível! Que pais são esses que permitem que os filhos brinquem de cuspir em outras crianças? Cheia de justa indignação, me inclinei na porta da casa com a intenção de chamar meus filhos para fora, para longe daquela confusão. É claro que eu planejava dizer (um pouco alto): "Eu sinto muito que vocês tenham de sair, mas parece que alguma criança desagradável está cuspindo na casa". Mas, antes que as palavras pudessem sair dos meus lábios, Kathryne colocou sua

O Vírus da Perfeição bate de frente com a "parentalidade"

cabeça para fora e disse: "Ei, mãe, o Charles está cuspindo aqui!". Toda a minha indignação fugiu de imediato e eu fiquei extremamente envergonhada. Meu filho?!!! Certamente não. Eu era a pobre mãe dessa criança mal-educada? Meu filho era a tal criança imprudente e desagradável? No momento em que chamei minhas crianças para fora e elas se afastaram da casa inflável, outros pais imediatamente olharam para mim.

Tenho certeza de que eles estavam pensando sobre mim as mesmas coisas que eu estava pensando sobre eles apenas uns poucos minutos antes. Olhei para o meu filho e respirei fundo. Felizmente não perdi o controle naquele momento a ponto de gritar com ele (ainda que eu estivesse absolutamente tentada!). Em vez disso, perguntei (com uma voz calma): "Charles, por que você estava cuspindo na casa inflável?". Ele olhou para mim, parecendo confuso com toda a situação, e respondeu: "Eu queria fazer uma poça para poder saltar".

Uma poça para saltar. Ele queria fazer uma poça para pular. Ele não era uma criança má nem desagradável. Eu não era uma pobre e relaxada mãe. Ele era apenas um menino normal e curioso que queria pular numa poça. Ele não era perfeito. Eu certamente não era perfeita. Ele era apenas uma criança como qualquer outra.

Aprendi um pouco naquele dia. Aprendi que não existem filhos perfeitos. Não existem pais perfeitos. E aprendi que preciso oferecer graça, mesmo quando me sinto como se quisesse julgar outro pai ou outra mãe pelo comportamento de seu filho. Às vezes, eles não têm uma criança má. Talvez tenham apenas um garoto que quer saltar nas poças.[8]

---

8. Leah Courtney, post em seu blog: "Justo quando você pensou que tinha esta parentalidade, a coisa desandou", 18 de julho de 2013, www.courtneysix.blogspot.com. Usado com permissão.

CAPÍTULO 3

VOCÊ *gosta* DE MIM?

Em nossa cultura, tão marcada pela presença das redes sociais, o contentamento não é fácil, mas a comparação, com certeza, é. Se até os adultos estão se comparando aos outros a todo tempo, podemos ter a certeza de que os nossos filhos, que ainda estão procurando o seu lugar e a sua identidade neste mundo, também estão fazendo a mesma coisa. É por isso que eles fazem perguntas fundamentais, como: "Você gosta de mim?"

Os filhos sempre fazem muitas perguntas. Basta passar um tempo com uma criança de três anos de idade e você vai perceber isso. À medida que crescem, no entanto, não fazem mais todo tipo de pergunta. Em vez disso, questionam sobre escolhas e comportamentos. Dizem o que dizem e fazem o que fazem, em parte, para testar nossas reações. O que você faz e o que não faz respondem a boa parte dos questionamentos que eles têm, quer você deseje isso, quer não. É por essa razão que compreender as perguntas e formular a estratégia adequada para respondê-las é tão importante em nossa experiência como pais. Estar preparado para essas questões é um grande passo no sentido de ajudar nossos filhos para que vejam como são aos olhos de Deus. Os filhos sempre fazem perguntas, mas nem sempre usam as palavras.

VOCÊ REALMENTE GOSTA DE MIM?

Leia com atenção o que essa criança disse durante uma sessão com Kathy a respeito de sua expectativa pela aprovação de seus pais.

— Dra. Kathy, meus pais não me amam como eu gostaria que me amassem.

— Sinto muito por você se sentir assim. Poderia me contar o que você quer realmente dizer com isso?

— Bem, eles reclamam muito de mim. Eu os decepciono o tempo todo. Dificilmente eles passam algum tempo comigo. Tenho certeza de que é minha culpa o fato de que não consigam me amar, mas eu não sei como mudar isso.

— Me conte um pouco mais.

— Eles dizem que me amam. Algumas vezes, eu até sinto que eles falam a verdade. Posso ver isso no rosto deles. Mas é como se eles tivessem que dizer isso. Você sabe como é, eles são meus pais. Eles têm que me amar.

— O que mais?

— Eu sei! Sei o que desejo. Talvez eles me amem. Eu ficaria muito feliz se eles realmente gostassem de mim. É isso aí. Mas é isso, não acho que eles gostem de mim. Você poderia me ensinar o que posso fazer para eles gostarem de mim? Acredito que assim vou me sentir bem melhor.

— Vamos começar com um abraço.

O abraço foi acompanhado por lágrimas.

Os pais têm sonhos para seus filhos antes de eles nascerem. Algumas mulheres sonharam com os filhos que teriam quando ainda eram garotinhas brincando com bonecas. Então vinte anos se passam e isso representa muito tempo para você pensar sobre os filhos que quer ter. Agora, uma vez que muitos pais sabem o sexo de seu bebê antes do parto, eles têm ainda mais tempo para seus sonhos mais específicos. E planejar. E idealizar.

Os sonhos são inofensivos? Bem, isso depende. Se somos capazes de ajustar os nossos sonhos para que se adaptem aos filhos reais que temos, então a visão que tínhamos era inofensiva. No entanto, profunda frustração pode ser o resultado se continuarmos tentando transformar uma criança real na criança que sonhamos e idealizamos por tanto tempo e que, no fim de tudo, não corresponde exatamente a quem seu filho realmente é. Temos de ser capazes de nos humilhar, deixar para trás "o que sonhamos" e aceitar "o que é", uma vez que conhecemos os nossos filhos de acordo com o que eles foram criados por Deus para ser.

Temos de nutrir os filhos que recebemos, e não os filhos que projetamos e idealizamos um dia. Se tentarmos formar o que queremos, sem prestar atenção ao que nós temos, isso não vai funcionar. Não será autêntico como o amor deve ser. Nem mesmo será amor. E isso não será aceitação. Na verdade, isso pode se transformar em rejeição. Temos de nutrir os filhos que nos foram confiados, e não os filhos que gostaríamos de ter.

Isso é rejeição? Mesmo que você diga que não, os seus filhos vão dizer que é. Nossas crenças dirigem nosso comportamento, por isso é tão importante fazer esta difícil pergunta: "Estou rejeitando alguma coisa no meu filho?" Se o seu comportamento sugere a seus filhos que você rejeita algo neles, então é bem possível que algumas de suas crenças se alinhem com isso.

Busque ser uma pessoa graciosa. Muitos pais já ouviram seu filho gritar "Eu te odeio!" e, como resposta, o enxotaram para fora do quarto. Os filhos se sentem rejeitados quando isso acontece. Então, sejam pais! Quando corrigimos nossos filhos, temos de deixá-los certos de que estamos rejeitando seus comportamentos ruins, suas escolhas, atitudes etc., mas não eles. Fazemos isso dizendo algo como: "Betânia, eu te amo muito, mas não amo a escolha que você fez ao me desrespeitar. Seu comportamento não foi bom, portanto você vai perder o privilégio de assistir ao seu programa de TV favorito esta noite."

Somos obrigados a amar nossos filhos. Nem sempre temos de amar o que eles fazem. Mas o nosso amor deve ser incondicional. Nada que eles façam poderia nos levar a amá-los mais, e nada que eles façam poderia nos levar a amá-los menos. Na teoria, eles nos amam da mesma forma, incondicionalmente. Não podemos fazer com que eles sejam tudo o que desejamos, mas podemos desfrutar quando um pouco disso acontece.

Em virtude disso, a criança que estava falando com Kathy percebeu que sua dor não era exatamente por causa do amor. "Eles são meus pais. Eles têm que me amar." Era sobre sentir-se amada. Alguma coisa estava acontecendo com ela. Por algum motivo, ela não se sentia valorizada ou reconhecida. Talvez fosse porque seus pais não fizessem aquilo que ela gostava, pelo menos não como ela desejava, ou vice-versa. Talvez tivesse havido algum conflito entre eles recentemente. Ao contrário do amor, que, a priori, é estável e sempre profundo e amplo, "gostar", a ponto de expressar aprovação, deve estar sempre presente.

DESESPERO

Os filhos estão desesperados por reconhecimento. É por isso que eles fazem muito do que fazem. Estão se descobrindo e querem que os outros os descubram também. Eles querem ser vistos, ouvidos e considerados. "Mamãe, venha ver o que eu fiz!" é algo que frequentemente escutamos de uma criança. Mesmo o meu filho de dezesseis anos é capaz de dizer: "Mãe, venha ouvir a música que compus" ou "Venha ver como esse site é legal". É tentador não dar valor a esses momentos ou responder automaticamente. Estou aprendendo a dar ao meu filho o privilégio de sentir-se plenamente presente. E não se trata apenas de um pouco de atenção, é um convite para conhecer o meu filho realmente. Os filhos querem ser vistos, ouvidos e considerados.

O básico "preciso conhecer meu filho" pode realmente proteger uma criança do desejo dos pais que tentam que ele seja de uma determinada maneira. Posso desejar que o meu filho tenha certas habilidades e interesses. Não há nada de errado com isso. Mas se o desejo se torna uma suposição, já que a criança não é muito conhecida pelos próprios pais, podem ocorrer sérios danos.

Como você se sente quando as pessoas fazem suposições a seu respeito? Quando alguém acha que você gostaria de ir à casa de uma amiga à noite após um dia inteiro de trabalho exaustivo com seus filhos? Quando alguém acha que você sempre acorda bem cedo? Quando alguém acha que você é artisticamente dotada porque sua casa é bonita e bem decorada? Quando alguém assume que a sua família adoraria viajar com a família dela?

Talvez você se sinta desconsiderada? Invisível? Rejeitada?

Surpreende-nos, então, que nossos filhos se sintam da mesma forma quando fazemos suposições a respeito deles? Quando temos a certeza de que eles vão gostar de trabalhar no quintal só porque nós gostamos? Quando temos a certeza de que vão querer aprender a tocar determinado instrumento só porque gostamos? Quando temos a certeza de que a leitura será seu passatempo favorito de modo que continuamos levando-os para a biblioteca e para as livrarias?

Seus filhos não podem duvidar do seu amor. Eles sabem que nós devemos amá-los sempre. Mas será que eles duvidam de que consideramos seus gostos?

Só para esclarecer: há sempre momentos em que podemos exigir de nossos filhos que façam algo de que eles não gostem. Meus filhos nunca "gostaram" de limpar o quintal, mas vivemos em um grande quintal, por isso, gostem ou não, eles têm de cortar a grama e ajudar a mantê-lo limpo permanentemente. É bem verdade que um pouco disso se refere a uma forma de aprender responsabilidade, administração e serviço. Isso ajuda muito na construção do caráter. No entanto, quando eu saio para limpar um dos nossos jardins, procuro resistir ao desejo de convidar o meu filho para se juntar a mim. Gosto da sensação de dever cumprido ao arrancar os matos do jardim, mas ele não sente a mesma coisa. Por mais que eu deseje que ele goste de cuidar do jardim, isso não vai mudar o gosto dele. Preciso conhecer quem ele é e também o que está no interior dele.

No entanto, se preciso do meu filho para me ajudar a limpar o jardim, porque estamos perto de receber visitas para um churrasco ou um lanche, eu certamente pedirei ajuda: "Austin, preciso de sua ajuda no jardim esta tarde. Sei que é uma das coisas que você menos gosta de fazer, mas sei também que você gosta de receber os seus amigos aqui neste mesmo quintal. Precisamos trabalhar juntos para deixar o jardim bonito para que todos possamos desfrutar o que ele pode oferecer". Quando conhecemos e respeitamos nossos filhos e sabemos do que gostam e do que não gostam, isso reafirma a liberdade que eles têm de ser eles mesmos.

SONHOS FIRMADOS NA REALIDADE

Pensar e sonhar com o futuro dos filhos é apropriado. Como já falamos antes, para alguns pais isso começa antes mesmo de terem tido seu primeiro filho. Sonhar e pensar é essencial para alimentar a esperança no futuro. Metas e ações práticas nascem neste lugar de sonhos. No entanto, quando você começa a conhecer o seu filho, os seus sonhos devem ser enraizados na realidade de quem ele é. Se ele não for o que você pensava ou sonhava, três coisas poderão acontecer.

Em primeiro lugar, os sonhos não serão realizados e você ficará desapontada. E, se não tiver cuidado, essa decepção pode crescer como frustração e chegar à raiva. Muitas vezes, em vez de ficar decepcionada com você mesma por escolher acreditar em sonhos irreais, sua frustração será toda direcionada para o seu filho. Isso alimenta em seu coração as dúvidas sobre se você gosta dele ou não. Mesmo que isso já tenha acontecido com você, novos e reais sonhos podem surgir com base no conhecimento do seu filho. Ele vai optar por confiar em você de novo e crescerá como Deus o projetou para ser.

Um segundo resultado é possível quando, consciente ou inconscientemente, recusamo-nos a deixar os nossos sonhos morrerem. Temos a necessidade de estar sempre certas. Queremos ter os nossos filhos perfeitos, como sempre projetamos que eles fossem em nossa mente desde cedo. Temos de criar nossos filhos à nossa imagem, em vez de honrar a forma como Deus escolheu que eles fossem. Quando pressionamos os filhos para serem feitos sob nosso "molde", eles podem quebrar. O espírito deles pode ser esmagado e os seus sonhos podem morrer. A confiança deles pode desmoronar enquanto a dúvida cresce. Perguntas podem se formar e respostas podem escapar deles. Com isso, eles tornam-se paralisados pela disparidade entre quem são e as expectativas colocadas sobre eles. Meus pais gostam de mim como sou? Será que eles ainda me conhecem? Eles não conseguem perceber que não sou feliz? Nada do que penso importa para eles?

Filhos que "quebram" podem ser restaurados. Amor incondicional, esperança, perdão e aceitação podem e devem acontecer ao longo do tempo para demonstrar que as nossas expectativas como pais foram transformadas. O tempo gasto com os filhos para realmente conhecê-los pode ser a cola mais forte. Se você descobrir que, algum dia, impôs seus sonhos aos seus filhos, tenha a certeza de que nunca é tarde demais para transformar isso para melhor.

Existe ainda uma terceira possibilidade. Alguns filhos não suportam a ideia de perder a atenção dos pais, então eles se esforçam para realizar o que não foram concebidos para fazer a fim de agradá-los. Eles estão desesperados para não decepcionar. Mesmo que a atenção recebida de seus pais seja intensa, cheia de pressão e dirigida apenas para uma fatia reduzida da vida deles, pelo menos eles se sentem recebendo alguma atenção.

Esses filhos pagam um preço alto, e uma eventual depressão é mais comum do que parece. Então, quando desistem de perseguir todos os sonhos de seus pais, que tanto buscaram alcançar, eles podem se culpar em vez de culpar os pais: "Eu sou um fracasso" ou "Eu sou um incapaz". Embora isso seja, até certo ponto, mais fácil para eles admitirem, não é saudável. Eles estão assumindo a responsabilidade por alguma coisa que realmente não é culpa deles.

Também é possível que os seus verdadeiros talentos nunca sejam descobertos ou desenvolvidos. Eles estão tão ocupados forçando uma barra, que podem nunca ser o que foram criados para ser. Esses filhos não estão vivendo com integridade quando o que está dentro não coincide com o que está do lado de fora. Eles podem não ser capazes de descrever a confusão ou a carência interna pela qual passam, mas sentirão isso de alguma forma.

Mesmo essa terceira realidade não é impossível de ser transformada. Pais podem, a qualquer momento, perceber que suas expectativas não são razoáveis em relação a quem seus filhos são, mesmo se eles já forem adultos, e a tensão pode ser liberada. Se você for aquele filho que ainda não está à altura do perfeccionismo dos seus pais, é possível se desembaraçar dessas expectativas. Pode ser tão simples como escolher perdoá-los, vindo, a partir daí, a se conhecer, aceitando quem você realmente é e, em seguida, seguir em frente com sua vida. Isso pode exigir o auxílio de um bom conselheiro cristão para trabalhar as suas decepções e as suas feridas do passado. Independentemente do que seja necessário, não é impossível!

Então, qual é a resposta para um pai que tem um filho que não é exatamente como a "criança tão sonhada", por tantos anos, em sua cabeça? Há dois passos práticos para tomar: lamentar e conhecer. Vejamos como eles são muito importantes em direção à liberdade.

Lamentar

Em primeiro lugar, temos de lamentar. Lamentar a perda de sonhos e objetivos, sejam os de longa data ou os mais recentes. Lamente o que não se concretizou. Lamente o que você pensou que seria. Lamente o que você imaginou que aconteceria, mas nunca aconteceu. Fale com Deus sobre isso. Converse sobre esse assunto com amigos. Escreva em um diário seus pensamentos sobre esses lamentos. Pode ser que sinta a necessidade de chorar – faça isso. Está tudo bem. Deixe as lágrimas rolarem. Trata-se essencialmente de esquecer e de deixar ir, o que acaba dando liberdade para ambos: você e seu filho.

Lamente a perda de sonhos e objetivos. Lamente o que não existe.

Tive de fazer isso de várias maneiras ao longo dos anos. De um lado, foi ser confrontada com o fato de que nenhum dos meus cinco filhos gostava de estudar como sempre gostei. Eu adorava a escola. Gostava de aprender, de me sentir desafiada intelectualmente. Eu me formei em terceiro lugar na minha classe, não porque eu estava buscando o topo, mas porque simplesmente amava aprender. Nenhum dos meus filhos recebeu o meu "DNA educacional". Eles variaram entre ir bem na escola (mas nunca amá-la) e apenas tolerar a escola. No início, eu esperava que cada um deles pudesse ser como eu, que dentre outras coisas amava aprender, me envolver nos grêmios estudantis e preencher meus horários com atividades extracurriculares. No entanto, quando a realidade ficou evidente, me senti obrigada a colocar essas esperanças e sonhos de lado e lamentar esses fatos. Inicialmente, eu incentivava cada filho na direção que eu esperava que ele fosse, mas uma vez que era óbvio que as minhas esperanças não se encaixavam neles, eu tinha de aceitar quem eles de fato eram e suas diferentes perspectivas sobre aprendizagem e escola. Lembro de uma vez em que deixei de colocar "pressão para fazer as atividades escolares" em cada um dos meus filhos, e então não havia mais nenhuma dúvida sobre eles saberem se a mãe "gostava" ou não deles. Meu entendimento comunicava meu amor e minha aceitação.

Por outro lado, tanto meu marido quanto eu temos, mais recentemente, lamentado pelos problemas de saúde mental de um de nossos filhos. Nossos sonhos para ele não incluíam um diagnóstico de TEPT (Transtorno de Estresse Pós-Traumático), TAR (Transtorno de Apego Reativo), transtorno de personalidade e depressão clínica grave. Não imaginávamos o nosso filho se cortando, tentando o suicídio ou passando meses na clínica psiquiátrica ou no hospital. Isso não é o que sonhamos para o garotinho de oito anos de idade cujo rostinho ganhou nosso coração quando sua foto foi colocada em minhas mãos há onze anos. Tivemos de lamentar a perda e a rejeição que ele experimentou ao ser entregue para adoção e, de certa forma, abandonado por sua família de origem, além de cerca de nove anos vivendo num orfanato. Tivemos de lamentar a falta de conexão emocional que ele não experimentou durante os primeiros nove anos de sua vida, o que faz com que ele rejeite qualquer toque de amor que tentamos lhe dar hoje. Tivemos de lamentar o que pensamos que seriam os seus anos de ensino médio com ele desfrutando tudo que estava disponível. Já falamos e pedimos ajuda a amigos próximos, falamos dele um com o outro e choramos muitas vezes ao longo desse difícil caminho. Isso não é o que imaginávamos, mas é a realidade. Lamentar tem sido um importante passo para nos desembaraçarmos de nossos sonhos desfeitos.

Conhecer

O segundo passo é conhecer. Conheça seu filho. Agora que você se desprendeu do que pensou que ele seria, se familiarize com quem ele é. "Estude" seu filho. Preste atenção em como ele reage. Familiarize-se com o seu temperamento. Conheça a sua dor, o que o deixa frustrado ou como a mente dele funciona de forma semelhante ou diferente da sua. Deus criou o seu bebê. Ele estabeleceu os pontos fortes de seu filho. Ele tem um propósito para o seu adolescente. Pergunte a si mesma, ao seu cônjuge e aos seus amigos: O que define essa criança diferente e distante? A infância já é capaz de revelar as características que alguém terá quando adulto. Leia isso. Procure discerni-las. Afirme isso nele.

Você gosta de mim?

Quando fiz isso com meus filhos que não amavam a escola, descobri muitas coisas. Minha filha mais velha, Anne, é introvertida, o que significa que ela se sente feliz apenas por estar sozinha. Ela não preenche sua programação com atividades extracurriculares porque precisa de tempo para suas leituras. Atividades solitárias a abastecem emocionalmente. No início, ela me frustrava, mas depois descobri que ela estava sendo fiel a ela mesma. Eu precisava conhecer e valorizar isso.

Meu filho, Evan, tem um grande grupo de amigos e sempre apreciamos a sua vida social fora da escola, mas se não fosse um coral do qual fazia parte, ele não estaria envolvido em outras atividades extracurriculares. Evan participou de um musical na escola uma vez e eu odiei. (O quê? Mas essa era uma das minhas atividades favoritas do ensino médio!) No entanto, ele era um músico que também precisava ter tempo criativo. Ele e seus amigos queriam compor e tocar músicas juntos. Se ele estava demasiadamente envolvido na escola, não poderia ser criativo. Minha pressão para que ele se envolvesse em atividades escolares não levaram isso em consideração, mas como me dediquei a conhecer melhor meu filho, tive a compreensão de entender as suas necessidades e aprendi a mesclar os meus desejos com os dele.

Quando minha filha Erica passou para o ensino médio, tornou-se muito evidente que ela não se agradaria com o confinamento da escola. Ela não gostava da sensação de "trabalho inútil", que era proposto por alguns dos professores que tentavam manter um amplo leque de estilos de aprendizagem na sala de aula. Quando ela começou a beber e a andar com as más companhias da escola (Lembra-se de como muitas vezes os filhos não se comunicam com palavras, mas sim com ações?), sabíamos que precisávamos fazer algo diferente. Nós a retiramos da escola e deixamos que ela terminasse o ensino médio em casa, num modelo de educação familiar, muito comum nos Estados Unidos. Ela progrediu e se desenvolveu muito no ambiente da faculdade, onde frequenta as aulas duas ou três vezes por semana, complementando em casa o restante das atividades. Sem grandes pressões! Já que deixei o meu sonho morrer (de vê-la passando pela formação no ensino médio até a obtenção do seu diploma), eu era capaz de conhecer a minha filha melhor, ver do que ela precisava e participar de seu mundo. Ah, e o melhor de tudo? Tornamo-nos muito mais unidas.

Pouco tempo depois de adotarmos Kolya, fomos para a academia de ginástica como uma família. Aos nove anos de idade, Kolya ainda não falava inglês, mas seu sorriso falava mais do que mil palavras. Quando entramos na pista de atletismo coberta da academia, Kolya começou a correr. E correr. E a forçar um pouco mais. O sorriso em seu rosto comunicava alegria quando ele completou o circuito mais uma vez. Já no colegial, nós o incentivamos a treinar cross-country. Ele normalmente terminava entre os dois ou os três primeiros competidores, muitas vezes concluindo vários minutos antes do próximo do grupo de corredores. No oitavo ano, ele correu em uma equipe de revezamento cross-country que ganhou o campeonato estadual. Esse menino estava destinado a alcançar a grandeza e ultrapassar limites. Imaginei muitas vitórias no seu futuro e a possibilidade de bolsas atléticas sendo oferecidas a ele. Havia um problema, porém: ele gostava de correr, mas detestava competir. Até hoje ele gosta de correr apenas pela corrida em si, não pelo fato de ganhar alguma coisa. Quando ele nos pediu para deixá-lo correr em competições no ensino médio, Mark e eu prontamente concordamos. Eu lamentava porque Kolya não gostava da chamada concorrência. Ele não valorizava seu talento usando-o para receber algo como uma bolsa de estudos. Não era motivado a competir, e eu, em última análise, percebi isso e mudei o que pensava para passar a incentivá-lo a lutar (vou admitir aqui que fiquei tentada a fazer algo para "salvá-lo" de si mesmo), isso provavelmente teria roubado dele o seu amor pela corrida completamente.

Nosso filho mais novo, Austin, é semelhante ao seu irmão mais velho. Musical. Criativo. Ele nunca gostou do confinamento das aulas de piano, mas adora tocar de ouvido. A professora de piano que habita em mim queria que ele tivesse a técnica adequada e a capacidade de tocar lendo partituras, mas finalmente tive que deixar meu sonho de anos de aulas de piano se esvair. Austin é verdadeiramente um artista não limitado por aquilo que está na partitura musical, e tive que conhecê-lo bem o suficiente para aceitar isso. Mergulhe de cabeça na aprendizagem e na aceitação de quem seu filho realmente é.

Lamentar e conhecer: ambos os passos levam tempo e demandam elevada paciência. Não há atalhos para isso. Você tem que processar as emoções para desistir de alguns sonhos para, em seguida, mergulhar fundo e aprender a aceitar quem seu filho realmente é. Ele pode não agradecer agora, ou nunca, com palavras. No entanto, sei por experiência própria que a alegria de ficar de fora do caminho dele e de assisti-lo a tornar-se o que ele foi criado para ser é uma poderosa expressão de gratidão em si.

UM DESEJO BOM E DIREITO

Filhos precisam de pais que tenham ideias e objetivos para eles. Eles necessitam de nós para orientar atividades e até mesmo para sonhar com acampamentos, futebol, música, arte, encontro com amigos, aulas, filmes e muito mais. Se não fizermos isso, dificilmente descobrirão seus interesses, pontos fortes, gostos e desgostos. E nós também não saberemos muitas coisas diferentes que amaríamos saber. Mas não devemos sonhar para eles sem que participem de alguma forma. Não podemos deixá-los para trás, mas temos que envolvê-los nisso. Não há problema em deixar que nossos filhos testem muitas atividades ao longo da sua infância. Essa é uma parte importante para explorar e descobrir mais sobre eles. Além de esportes e música, podemos escolher diversas outras atividades importantes que permitem que nossos filhos tentem todos os tipos de experiências. Meus filhos tentaram e fizeram muitas coisas diferentes por sugestão minha de que eles acabaram gostando, e muito. Algumas atividades eles mantiveram por um ano ou dois e depois esqueceram ou largaram de mão. Outras se transformaram em passatempos e atividades presentes na vida deles até hoje.

    E sobre desistir? Como pais, é sempre difícil saber quando devemos exigir mais empenho e quando devemos deixá-los sair. Essa decisão se torna mais fácil quando realmente conheço os meus filhos. Anne estudou piano por vários anos, mas não foi fácil para ela. Quando estava em determinado momento no colégio, ela pediu para sair, e nós sentimos que ela tinha dado seu máximo e feito um grande esforço, mas que era hora de deixar o piano. Ela, enfim, encontrou seu espaço na música por causa de sua voz e passou a ter grande prazer com o canto. Evan, por outro lado, era um pianista incrível. Ele tocava bem e tudo era muito fácil para ele. Quando pediu para parar, sentimos que ele tinha acabado de atingir um nível e que precisávamos ajudá-lo a avançar para algo maior. Nós o deixamos dar uma pausa nas férias de verão e mudamos as estratégias de motivação quando ele recomeçou no outono. E isso bastou para ele avançar nessa área da vida!

    Na maioria das vezes, quando nossos filhos tinham que deixar de fazer alguma coisa, exigíamos que pelo menos terminassem a temporada, o período, a fase ou o semestre, em qualquer época do ano em que pudessem estar. No entanto, conseguimos quebrar essa regra uma vez lá em casa. Quando Austin estava no sexto ano, ele queria jogar futebol. Na verdade, esse era um desejo antigo dele, mas nós não podíamos imaginar que o futebol seria bom para ele (já que nem o irmão ele enfrentava em casa), então o mantivemos em outras atividades, esperando que o seu interesse diminuísse. Ele foi incansável. Como não havia um time na escola secundária onde morávamos, nós o inscrevemos no time da cidade. E ele estava muito animado para começar.

    Ele retornou para casa aos prantos já no primeiro dia de treino. Tinha detestado tudo. Conversamos com ele sobre a importância de todas as atividades que ocorrem simultaneamente no futebol como correr, aprender a superar dificuldades, estratégias e muito mais. Então nós o enviamos para o segundo dia de treino. E foram mais lágrimas no caminho para casa. Ele começou a pedir para sair. Não querendo permitir que desistisse tão facilmente, dissemos que não. O terceiro e o quarto dias foram uma repetição dos dias anteriores. No quinto dia, começamos a notar os sinais físicos do estresse. Ele estava nervoso, chorando durante todo o dia e com medo de voltar para o treino. Mark e eu conversamos sobre isso e decidimos que nada valia a pena diante da aflição emocional que tudo isso estava causando ao nosso filho. Precisávamos colocar o futebol para escanteio dessa vez. Ele deixou de ir aos treinos no quinto dia e nunca mais voltou. Fiquei preocupada, pensando que ele iria se arrepender dessa decisão, mas isso nunca aconteceu.

Às vezes, temos que sonhar coisas para os nossos filhos e incentivá-los em uma determinada direção. Experimentamos isso com nossa criança traumatizada com futebol, anos mais tarde, quando ele entrou no colegial. Mas desta vez a questão era a música.

Austin ama a música. No momento em que ele chegou ao colégio, podia tocar vários instrumentos que havia aprendido sozinho, por conta própria. Ele estava começando a compor músicas e a envolver-se com a equipe de louvor da nossa igreja. E no fim do oitavo ano, ele teve que se inscrever para suas matérias extraclasses da escola. Logo depois, foi informado de que a escola exigia que ele participasse do coral por pelo menos um semestre. Isso não era bem o que ele queria fazer. Explicamos que parecia que ele teria uma promissora carreira musical pela frente e que precisava ser um músico mais completo. Um semestre no coral não mataria ninguém e seria uma nova e rica experiência. Fizemos força para que ele seguisse a nossa determinação, apesar de toda a sua reclamação e discussão.

Ele começou seu primeiro ano e todos os dias se queixava do coral. Ele odiava. E estava com raiva porque achava que tinha de perder seu tempo com essa aula. Dissemos que ele tinha de fazer pelo menos um semestre de aulas e que desistir não era uma opção. (Honestamente, ele quase conseguiu me convencer a permitir que desistisse porque eu já estava cansada de sua argumentação durante as discussões!). Ele continuou a reclamar durante a segunda semana de aula, mas não tão veementemente. Na terceira semana, ele mencionou algo sobre uma canção que estavam ensaiando. Na quarta semana, falou sobre um novo amigo que conheceu no coral. No fim daquele semestre, ele já havia feito sua inscrição para o segundo semestre de atividades do coral. Quatro anos depois, posso informar que o coral foi fundamental para a sua experiência e o seu crescimento escolar. Ele faz parte de uma elite de grupo de homens que cantam *a capella* e até já participou de festivais e apresentações, estrelando um papel de coadjuvante num musical já em seu primeiro ano, e começou a liderar o louvor nos cultos da igreja, quando ele mal havia acabado de fazer dezesseis anos de idade. Se não tivéssemos sonhado por ele, tudo isso poderia não ter acontecido. Nós lhe emprestamos a visão e ele decolou.

Após a temporada do coral ter decolado no mundo de Austin, Mark e eu ficamos aliviados por ele ter sido tão resistente. Participar desse momento do nosso filho mais novo e ter tido a rica oportunidade de observá-lo mais de perto nos ajudou a perceber que ele é um garoto que gosta mais de rotina, e não de mudanças constantes. Ele também não gosta de experimentar coisas novas na frente de outras pessoas. Nunca se importou de experimentar e de aprender novos instrumentos, desde que isso se desse atrás de portas fechadas. Uma vez que ele considera ter conseguido aprender alguma coisa, em seguida, ele compartilha com todos nós. O coral foi necessário para ele aprender a ter o domínio em um ambiente público. Compreender isso sobre Austin foi fundamental para permitir que seja ele mesmo, mas também importante para saber quando "exigir" a continuidade de algo que pode ajudá-lo a abrir portas no futuro.

> *Devemos precaver-nos contra algo que começa como boa vontade, mas que depois se torna uma decisão quando estamos sonhando algo para nossos filhos.*

Você gosta de mim?

Como sabemos quando nossos sonhos são bons para os nossos filhos? Aqui estão quatro questões para refletirmos:

1. Isso se refere a mim, vivendo meu próprio sonho por intermédio do meu filho? (Eu sempre quis ter esta oportunidade, mas isso nunca me foi oferecido quando eu era criança?)
2. Eu o estou encorajando neste sentido porque vejo um talento que outros não podem ver? (Posso deixá-lo experimentar algo e depois aceito bem, caso ele goste ou não?)
3. Será que ele tem tudo o que é necessário para desfrutar essa atividade? (Lembre-se de como Kolya adorava correr, mas não gostava de competir).
4. Existe uma razão oculta para isso pela qual eles não estão querendo mais fazer? (Lembre-se da resistência de Austin para tentar coisas novas em público.)

O autor e palestrante Paul Tripp assinala que devemos nos guardar contra um desejo bom que se transforme em um desejo obrigatório, nos governando no momento em que estamos sonhando algo para os nossos filhos. Sem perceber, uma boa intenção pode se tornar uma regra pesada e inflexível, especialmente quando o nosso próprio emocional fica ainda preso ao sonho antigo. Nossa esperança torna-se uma decepção quando os nossos filhos não fazem o que queremos. Inconscientemente, esses são os passos que tomamos, partindo de um desejo bom e deixando ele se tornar um desejo dominante:[1]

Um desejo legítimo para os seus filhos: Eu quero que meu filho seja _____
Torna-se uma exigência: Eu preciso ter_____
Torna-se uma necessidade condutora: Eu terei_____

---

1. Paul Tripp. *How to Be Good And Angry* (Como ser bom e irado), série de vídeos.

Torna-se uma expectativa: Você deveria _____
Torna-se uma decepção: Você não _____
Torna-se um castigo: Por causa disso, eu vou _____

    Quero falar aqui sobre uma vez em que experimentei essa mudança do meu desejo legítimo para uma necessidade condutora: eu queria que a minha filha se aproximasse de uma menina nova que estava frequentando o grupo de jovens. Eu acreditava que minha filha confiava nela mesma e sempre tive uma atenção especial para as crianças que eram novas no grupo. Portanto, esse era um desejo sensível e legítimo de se ter.

    Ela resistiu e se queixou dizendo que queria estar apenas com seus amigos. Em vez de ouvir, respeitando sua perspectiva, falei com ela um pouco mais sobre por que eu achava que ela podia fazer isso, eu me tornei exigente, aumentando o meu tom: "Você precisa ser amiga dela. Você não quer que ela fique sozinha, não é? Você deve se aproximar de alguém novo como ela!"

    Quando minha filha se frustrou ainda mais e disse que eu não a entendia, meu desejo legítimo tornou-se rapidamente uma necessidade condutora: "Você não tem uma opção nesse caso comigo. Isso é o que deve ser feito! Em nossa família, nós sempre nos achegamos aos outros." A necessidade legítima, e que até então era uma coisa boa para a minha filha, havia se tornado algo que eu precisava que ela fizesse para mim. Você vê a suave mudança?

    Quando minha filha não respondeu como eu queria, comecei a tratar a situação como se fosse, a partir de então, uma expectativa minha. Não era mais um desejo ou mesmo uma necessidade. Era algo que eu já estava antecipando. Como esperava que a minha filha fosse concordar com o fato de que eu estava certa, as emoções negativas começaram a se mexer dentro de mim. E a decepção chegou. Eu estava decepcionada com ela, mas também comigo, por não ter sido capaz de levá-la a fazer o que eu sabia que era correto. Adicionar essa dor emocional não me ajudou a ter mais calma para uma conversa com minha filha sobre a habilidade que eu queria que ela aprendesse. Então eu a puni com a minha raiva. Nem preciso dizer que esse não foi um dos meus melhores momentos como mãe.

Como pais, nós temos todo o direito de criar expectativas para os nossos filhos sobre as habilidades que queremos que eles aprendam e as coisas que queremos que desfrutem. Nós os conhecemos e, por experiência, sabemos o que nos traz alegria. No entanto, temos de ouvi-los. Temos de honrá-los, considerando seus desejos e interesses como legítimos bem como a sua idade na fase da vida em que se encontram. Isso não significa que farão sempre tudo do jeito que quiserem. Isso não é saudável. Também não é saudável que façamos tudo sempre do nosso jeito. Quando acreditamos que aquilo que queremos é legítimo e certo, precisamos conversar sobre isso com os nossos filhos. Precisamos também desenvolver um comportamento adequado, evitando que os nossos sonhos se desloquem de um bom desejo para um desejo opressor e regulador.

Já se passaram quase dez anos desde aquela conversa sobre o "desejo de governar" que tive com a minha filha. Cresci um pouco desde então, e ela também. Em retrospectiva, percebo agora que estava esperando uma atitude da minha filha que era mais madura do que o momento que sua vida a permitia ser. Até que foi bom poder ensinar a ela a ter um olhar mais atento para pessoas novas que se aproximam de nós, mas esperar que ela se comportasse da mesma maneira que eu fazia aos trinta e nove anos era completamente irrealista. Minha filha agora é mãe e sempre se aproxima de novas pessoas quando as vê chegando a um grupo. Aos vinte e dois anos de idade, ela já domina essa habilidade. Quando ela tinha doze anos, eu estava apenas lhe apresentando o conceito. Progresso – isso é o que estamos procurando, e posso dizer que fizemos progressos neste caso.

Máscaras

Enganar os outros é fácil hoje em dia. Se não tomarmos cuidado, podemos viver a vida como pais com uma mentalidade de Photoshop, pensando que as coisas podem mudar com o simples toque ou movimento de um botão. Se acreditarmos que há uma grama mais verde em algum lugar que podemos um dia encontrar e que, por essa razão, não precisamos tirar nossas ervas daninhas do gramado, é ingênuo e perigoso. Criar filhos é um trabalho árduo, e precisamos estar cientes de que cometeremos erros. Eu costumo dizer às mulheres que cada uma de nós dará aos nossos filhos uma razão para sentar-se em frente a um psicólogo ou a um terapeuta. Quando isso acontecer, é importante tirarmos nossas máscaras e permitirmos ser conhecidas, até mesmo por nossos filhos. "Eu sinto muito. Você poderia me perdoar?" Isso pode ser um longo caminho na relação com os filhos.

Usar máscaras nos impede de ser quem realmente somos e faz com que as pessoas tenham uma imagem irreal sobre nós. Ser irreal não é saudável para ninguém. A vulnerabilidade é assustadora, mas é a espinha dorsal que sustenta a construção de relacionamentos saudáveis. Quando você se conhece e permite que os outros a conheçam, fica mais fácil conhecer o seu cônjuge e os seus filhos.

Digo isso por experiência própria. Nos meus primeiros anos como mãe, eu não estava muito em sintonia comigo mesma, emocionalmente falando. Se eu chorasse, fazia isso sozinha ou escondida. Se ficasse triste, empurrava esse sentimento para longe de mim. Eu estava com medo de ser honesta com meus filhos sobre as minhas lutas, porque não queria que eles ficassem sobrecarregados com elas. Claro que, quando eles são mais jovens, isso é apropriado. Contudo, à medida que cresciam, eu perdia a oportunidade de ser conhecida por mim mesma, por meu marido e por meus filhos.

Somente quando meu marido sofreu uma crise de meia-idade e nos deixou por três meses foi que eu me permiti ser conhecida.

Você gosta de mim?

Na época, meus filhos variavam entre 15 e 27 anos, e eu não podia colocar essa dor na vida deles. Eu só podia chorar com eles. Nesse tempo escuro, aprendi o valor da vulnerabilidade. Tirar a máscara me permitiu ser conhecida e, portanto, me permitiu realmente conhecer melhor os meus filhos. Se seus filhos forem pequenos, comece a praticar o "ser conhecida" em seu casamento e em suas amizades. À medida que seus filhos crescem e ficam mais velhos, dê-lhes o privilégio de serem como realmente são – imperfeitos –, e é exatamente disso que eles precisam.

Quem sou eu?
Filhos precisam saber quem realmente são, e nós também. Isso inclui conhecer os pontos fortes e os fracos, não necessariamente na mesma proporção. Suas verdadeiras identidades, escolhidas por Deus, despertadas e desenvolvidas por você, é tudo de que você necessita saber para ajudá-los e amá-los.

Identidade é definida pela pergunta: "Quem sou eu?" Isso é importante porque a identidade ajuda a controlar comportamento. Quem os filhos pensam ser é quem eles serão. Quando sabem que são criativos, não vão entrar em pânico quando um professor lhes atribuir uma única qualidade. Quando sabem que são inteligentes, não vão se preocupar quando tiverem de trabalhar em um projeto sozinhos.

Como os filhos obtêm respostas para a pergunta "Quem sou eu?"? Há várias formas, incluindo:

- O que dizemos e o que não dizemos a respeito deles para eles.
- O que eles nos ouvem dizer aos outros a respeito deles.
- Como reagimos a eles.
- Por intermédio do convívio com parentes, colegas e professores (embora os pais sempre tenham maior poder na formação da identidade).

Aqui está o que isso pode implicar na vida real. Se meu filho anda em minha direção carregando algo pesado que acho ser muito para ele, e eu digo: "Cuidado! Eu disse, tenha cuidado! Veja o que você está fazendo!", ele pode concluir que eu o acho descuidado e desajeitado. Agora, porque a identidade controla o comportamento, ele está, certamente, mais propenso a deixar cair algo. Porque ajudamos a dar aos filhos sua identidade, devemos observar o que dizemos e o que não dizemos. Ambos podem mudar a vida deles.

Se, depois de caminhar em minha direção, meu filho não derramar nada e conseguir colocar tudo no devido lugar com cuidado, eu vou querer comentar: "Você foi bem cuidadoso e atento. Obrigada." Essas são palavras de vida. Sem elas, ele permaneceria com algo como: "Ele não é cuidadoso e é desajeitado." Agora, quando alguém disser: "Me conte algo sobre você", ele poderá responder: "Eu sou cuidadoso e posso carregar muitas coisas ao mesmo tempo."

Quer reforçar a identidade em sua família? Tente este exercício: peça que cada membro da família anote entre 15 e 20 declarações que começam com "Eu sou". Os filhos que ainda não sabem escrever podem ditar as suas declarações para você. A maioria deles se define por aquilo que gostam e não gostam de fazer. Você vai ver declarações como "Eu gosto de macarronada" e "Eu não gosto de bolo de laranja" em suas listas. É por isso que, quando eles não gostam de alguma coisa, fazem de tudo para evitar.

Deixe os seus filhos fazerem isso sem precisar de muita explicação, o que fará com que eles sejam mais espontâneos. Então, veja o que listaram e o que deixaram de fora da lista. Isso pode ajudá-la a colocar os pontos negativos de cada um deles na perspectiva correta e destacar os seus pontos fortes. Pode ser muito esclarecedor para você também fazer a sua lista para cada criança. Se tiverem idade suficiente, tente fazê-los escrever uma lista sobre você. Comparar a forma como nos vemos com a forma como somos vistos é muito revelador. Isso tudo pode levar a honestas conversas em casa. Faça perguntas como estas a seguir enquanto você compara as listas deles com a sua própria:

- Cada uma das afirmações é precisa?
- São afirmações verdadeiras?
- A identidade é expressa de forma mais positiva ou negativa? (Quando Kathy fez esse exercício com crianças e adolescentes, um deles revelou dezesseis declarações negativas dentre as vinte apresentadas. É claro que não ter na lista todos os pontos negativos não é realista nem saudável também. Nesse caso, estamos em negação, não podendo, portanto, confiar que os membros da família conheçam o nosso verdadeiro "eu" ou é possível que alguém esteja com medo de ser reconhecido.
- Existe alguma coisa significativa sobre a sequência relacionada das afirmações? (Por exemplo, se você está estimulando seus filhos a colocarem a relação com Cristo em primeiro lugar, você pode observar que provavelmente este item estará listado logo no início. Se algo não estiver próximo do topo da lista, então, talvez, o seu objetivo não seja tão claro para seus filhos como você acredita ser.) Você também precisa perceber se oito das dez primeiras declarações são negativas. Nesse caso, eles estão priorizando o que está errado, e não o que é certo. Isso pode indicar que você fala com eles mais sobre as coisas que fazem você infeliz ou as que mais a preocupam. Isso pode acontecer porque eles acreditam que você espera deles algo próximo da perfeição.
- A identidade deles é completa ou limitada? Por exemplo, existem declarações sobre o lado intelectual, emocional, social, físico e espiritual deles? Há declarações relacionadas com o lar, a família, a igreja, os estudos, os esportes e os amigos?

Fazer isso algumas vezes por ano pode ser uma maneira divertida de manter a família mais conectada. A Dra. Kathy sabe de filhos que foram capazes de desenvolver novas conexões com os pais usando essas listas e produzindo conversas em torno dos temas e assuntos listados.

APLIQUE OS ANTÍDOTOS

Se o nosso objetivo como pais for erradicar o Vírus da Perfeição de nossos lares, temos de conhecer os nossos filhos e lhes assegurar que gostamos deles. Aplicar os antídotos é uma das melhores maneiras para começarmos a permitir que eles possam ser realmente quem, de fato, são. Vejamos como conhecer e aceitar nossos filhos de uma forma prática usando a compaixão, a percepção, a aceitação e o amor.

Seja compassivo

1. Seja compassivo com você mesmo. Você está aprendendo tanto quanto seu filho. Às vezes, são dois passos para frente e um passo para trás enquanto estamos prestando atenção às novas estratégias para preparar os nossos filhos e realmente conhecê-los melhor. Comemore quando você começar da forma correta e seja paciente e persistente quando não conseguir fazer a coisa certa logo de início.
2. Seja compassivo com seus filhos. Faça um esforço para que eles saibam que são ouvidos e que a perspectiva deles é considerada. Coloque-se no lugar deles quando se sentirem para baixo. Resista à tentação de discordar deles quando eles lhe disserem algo sobre si mesmos ou compartilharem algo com você.

Seja perceptivo

1. Preste atenção aos sinais sutis no comportamento dos filhos. O que o seu filho está lhe comunicando com determinado comportamento? O que a sua filha está tentando lhe dizer com determinadas ações?

2. Preste atenção às atividades, aos desafios e interesses que fazem o rosto de seu filho brilhar. Faça um registro em sua mente, lembrando que é importante que você ofereça mais oportunidades para que seu filho faça o que gosta.

Aceite o que é

1. Em vez de desaprovar ou mesmo ignorar os interesses do seu filho, procure aceitar o que eles amam naquele momento. Lembre-se: com crianças, os interesses podem mudar como o vento. Nem tudo em que eles estão interessados hoje será interessante no próximo ano. Seu interesse agora pelo que eles se interessam os tranquiliza não apenas sobre o seu amor, mas mostra que você está ao lado deles também! Aceite e invista no que seus filhos gostam no momento em que eles se encontram.

2. Aceite coisas nos seus filhos que você gostaria de mudar. Uma das minhas filhas tinha um "cobertorzinho" que ela amava. Quando ela já estava na escola, senti que era hora de ela desistir daquele objeto, mas ela não queria aceitar. Por fim, reconheci que isso era importante para ela naquele momento e permiti que o mantivesse. Ela tem vinte e dois anos agora, é casada e uma ótima mãe, mas ainda tem seu "cobertorzinho". Ninguém ficou ferido por isso! Sempre que possível, aceite coisas em seus filhos que você gostaria de mudar.

Ame incondicionalmente

1. A Bíblia nos diz que devemos fazer "tudo com amor" (1Coríntios 16.14). Peça a Deus que a ajude a manter suas ações amorosas da próxima vez que você estiver frustrada ou com raiva. Você não fará isso de uma forma perfeita, mas vai dar um passo para ser mais parecida com Jesus! Ame sempre!

2. Escolha uma palavra de 1Coríntios 13, "o Capítulo do Amor", para se concentrar. Pode ser a palavra paciência, bondade, confiança,

esperança ou perseverança. Quando se trata de ser mãe, concentre-se em ampliar o seu amor de maneira consistente em apenas uma dessas áreas de cada vez.

VOCÊ GOSTA DE MIM?

Max Lucado diz: "Estude seus filhos enquanto você pode. O maior presente que você pode dar aos seus filhos não é sua riqueza, mas revelar a eles a própria riqueza que já possuem naturalmente." Eu gostaria de expandir esse pensamento estabelecendo que temos de trabalhar para sermos capazes de celebrar as riquezas de cada um deles. Veja sempre primeiramente o que já é bom sobre eles mais do que as áreas em que eles ainda precisam crescer. Vamos clamar pelos nossos sonhos ainda não concretizados, mas procurando conhecer os sonhos de nossos filhos. Quando somos capazes de fazer isso, podemos celebrar quem eles realmente são!

CAPÍTULO 4

SOU *importante* PARA VOCÊ?

"Mãe, você vai me colocar na cama?" Por um bom tempo essas palavras foram parte da minha rotina, todas as noites. Agora, eu raramente as ouço. Meu filho de 16 anos me deixa, de vez em quando, sentar na cama dele e conversar um pouco, mas isso não acontece sempre, e ele dificilmente me faz perguntas.

Admito que eu costumava me chatear com essas palavras, porque no final do dia era tudo o que eu mais fazia. Cuidar de filhos. Fazer comida. Executar tarefas para os outros. Cuidar das responsabilidades da casa e da família. Fazer. Fazer. Fazer. Talvez você esteja vivendo essa etapa em sua vida atualmente.

No entanto, mesmo quando me sentia desanimada, eu procurava vencer o cansaço e cumprir meu papel de mãe, estando com eles da maneira apropriada para a idade e fase da vida de cada um. Por quê? Porque eu sabia que bem lá no fundo eles estavam sempre fazendo uma pergunta que eu queria responder com um retumbante "sim": "Mãe, sou importante para você?"

O VALOR DA IMPORTÂNCIA

Quão importantes os filhos se sentem pode determinar todo o resto. Muitos comportamentos positivos e negativos têm sua raiz no fato de nossos filhos sentirem-se ou não importantes e valorizados. É claro que isso se fundamenta na primeira pergunta que todos nós fazemos: "Você gosta de mim?" Quando nos sentimos apreciados por alguém, nos sentimos importantes para essa pessoa.

Pense sobre essa verdade de uma perspectiva pessoal. Quando você não se sente importante, isso abala sua confiança? Tira a sua paz? Deixa-a desconfortável? Introvertida? Compromete seu nível de envolvimento? Percebe como suas ações e seu comportamento são diretamente influenciados por seu sentimento de importância?

Filhos que não se sentem importantes para os pais ficam sujeitos a ter muitos problemas, porque a excelência se torna irrelevante para eles. Quando percebem que ninguém acredita neles, eles também não acreditam em nada. Tornam-se alvos de intimidações mais facilmente porque se sentem fracos. Ficam menos propensos a terem bons relacionamentos com os outros e a rivalidade entre os irmãos torna-se comum.

Eles também ficam menos dedicados, de modo que estudar se torna irrelevante. Se queremos que os filhos estejam bem e façam algo bem, devemos ajudá-los a não duvidarem do seu próprio valor. Sentir-se importante é uma energia por excelência. É também uma proteção contra a perfeição, porque eles sabem que têm valor em si mesmos e isso permite que saibam separar seu valor de suas performances. Eles não precisam ser perfeitos para se sentirem bem a respeito de si mesmos.

Claro, há o outro lado da moeda. O que aconteceria se você se sentisse extremamente importante? Esse "orgulho" pode fazer mal também, não é verdade? Ter a obrigação de ser o "número um" o tempo todo pode ser cansativo. Isso nos obriga a diminuir os outros e a desvalorizar suas realizações. Pode nos levar ao isolamento e fechar nosso coração para a entrada de outros em nossa vida. Ter a necessidade de ser o "número um" aumenta o estresse, porque precisamos nos sentir mais significativos do que os outros. Desejamos passar mais tempo somente com as pessoas que acreditamos ser menos importantes do que nós. Por essa razão, podemos nos tornar muito críticos em relação aos outros e, por fim, solitários.

Então, o que queremos é que nossos filhos tenham apenas a quantidade certa de importância, nem pouco nem muito, mas apenas o certo.

FILHOS SE SENTEM SEM IMPORTÂNCIA

Em boa parte dos cursos de Kathy, ela ensina os estudantes sobre identidade. Kathy pede a crianças e adolescentes que repitam em voz alta: "Eu sou importante, significativo e valioso." Ela trabalha da mesma forma com grupos cristãos: "Você não é mais importante do que qualquer outra pessoa. Você também não é menos importante. Você é importante, assim como são todos os outros. Deus não precisava criar você, mas ele quis.[1] Isso lhe confere um enorme valor. E não só isso, mas ele criou você exatamente da maneira que ele queria que você fosse.[2] E isso revela todo o seu valor também. Jesus, voluntariamente, tomou o seu pecado sobre si e morreu em seu lugar para que, por meio da fé nele, você pudesse ser resgatado de uma vida sem sentido e encontrasse alegria e propósito eternos.[3] Esse sacrifício de Jesus mostra quão importante a sua vida é para Deus! Sorria e repita comigo: Sou uma pessoa importante, significativa e valiosa." Sorria e diga: Sou uma pessoa importante, significativa e valiosa.

Às vezes, depois dessa experiência, crianças e adolescentes batem palmas. Eles se sentem desesperados para saber que são importantes. Eles têm grande necessidade de saber seu valor. Infelizmente, muitos não sabem.

Às vezes, adolescentes se aproximam de Kathy de maneira

---

1. Isaías 64.8; Salmo 139.13.
2. Salmo 139.14; Efésios 2.10.
3. João 5.24; Romanos 5.8; Efésios 2.8-9.

hesitante, depois do curso, com este clamor no coração:
– Dra. Kathy, eu poderia lhe dizer uma coisa?
– Claro! Diga.
– Umm... Sei que sou importante. Acredito em você e gosto de saber disso. Mas não me sinto importante em minha casa.

Quando esses jovens vêm falar com Kathy, a dor está estampada no rosto deles. Às vezes, enquanto falam, as lágrimas rolam. Outros, rapidamente, viram e vão embora após um último compartilhar sobre o seu doloroso segredo para alguém. Às vezes, Kathy os abraça e os conecta a alguém que possa ajudá-los, quando apropriado.

A maioria das crianças que falam com Kathy diz que não se sente importante em casa ou em sua família. Algumas também têm relatado sobre não se sentirem importantes nem na escola nem na igreja. E seus filhos? Será que eles dizem que, muitas vezes, se sentem sem importância em sua família? Se os seus filhos tiverem idade suficiente e se você tiver coragem o suficiente, vá em frente e pergunte a eles! Suas respostas serão muito úteis, acredite!

Não saber que você é importante tem o seu próprio nível de desespero. Saber que é importante, mas não se sentir importante, pode ser algo difícil de processar. Um dos maiores perigos dos filhos que não são valorizados é que eles podem não se sentir necessários, queridos ou úteis. Então, a vida também não parece ser necessária. Podemos, no entanto, alterar a forma como eles se veem, mesmo se eles se sentem ocasionalmente sem importância. Na verdade, nós devemos fazer isso.

Porque os sentimentos governam o comportamento, comece examinando com coragem seus sentimentos e suas ações em direção a si mesma e aos seus filhos. A importância que você acredita ter influencia o seu comportamento. A importância que você dá aos seus filhos é proporcional ao seu comportamento em relação a eles. É diferente do amor. É sobre depositar um valor apropriado neles, não apenas porque eles são seus filhos, mas porque são pessoas dignas de seu melhor olhar.

Eles foram confiados a você. Dê o devido valor aos seus filhos, porque eles são dignos de seu melhor. Às vezes, a razão pela qual não somos bem-sucedidos quando tentamos mudar nosso comportamento é porque não trabalhamos para encontrar em nós crenças subjacentes que direcionem nossas próprias escolhas e interações. Fazer isso requer humildade (posso precisar fazer algumas mudanças), coragem (posso não gostar do que vou encontrar), confiança (estou cercada por pessoas boas que podem me ajudar a compreender o que preciso) e graça (não sou uma mãe tão terrível, embora também não seja perfeita). Começa sempre com a gente, não é?

OLHE PARA DENTRO DE VOCÊ

Os filhos não existem para satisfazer as nossas necessidades. Contudo, mesmo nas melhores famílias, podemos colocá-los nessa posição diversas vezes. Ainda assim, mesmo que pareçam satisfazer as nossas necessidades por algum tempo, eventualmente, os filhos não serão capazes de fazer o que eles não foram criados para fazer. Se isso acontecer, vamos achar que nossos filhos falharam conosco. Podemos ficar com raiva e descontar isso neles. Esse é um padrão de atitudes muito prejudicial, por isso espero reconhecer, o quanto antes, cada vez que isso acontecer para, então, fazer uma mudança imediata de atitude. Os filhos não existem para satisfazer as nossas necessidades.

Quais são, afinal, as nossas principais necessidades? Há cinco delas.[4]

> **Precisamos de segurança.** (Em quem posso confiar?) Sempre pensamos no ideal: *Meus filhos não me decepcionam. Posso confiar no comportamento deles e que eles manterão a boa imagem da nossa família diante dos outros.* Mas como lidar com a realidade

---

[4]. O livro da Dra. Kathy, *Finding Authentic Hope and Wholeness: Five Questions That Will Change Your Life* (Encontrando esperança autêntica e plenitude: Cinco perguntas que mudarão a sua vida). Chicago: Moody Publishers, 2005). Leia essas cinco principais necessidades com detalhes.

quando nossos filhos fizerem escolhas erradas, falarem de maneira áspera e desrespeitosa ou mentirem? Não podemos depender dos filhos para fornecer a segurança de que precisamos.

Precisamos de identidade. (Quem sou eu?) É natural fazermos afirmações do tipo: *Eu amo ser pai ou mãe. Foi a melhor coisa que aconteceu na minha vida.* Mas, quando os filhos nos desapontam, podemos não ser tão ávidos para mostrar aos outros o orgulho que temos da nossa identidade como pais daqueles filhos. Além disso, não devemos limitar nosso senso de identidade ao nosso papel como pais, pois uma identidade restrita conduz a um senso de pertencimento limitado. Também somos maridos, esposas, filhas, filhos, amigos, colegas e membros da igreja! Assim, resista a essa vontade de usar fotos de seus filhos no Facebook no lugar da sua própria foto de perfil. Sua identidade precisa ser somente sua, separada de seus filhos.

Precisamos ser queridos. (Quem me quer?) Queremos acreditar em algo do tipo: *Meus filhos vão sempre me querer. Eles vão me querer sempre por perto. Meus amigos vão se impressionar com isso.* Mas, na realidade, nossos filhos vão se separar de nós mais cedo ou mais tarde, porque eles crescem e saem de casa ou, às vezes, porque suas escolhas ruins criam distância entre nós. Embora os filhos ainda nos amem, em algum momento podemos sentir como se "eles não nos quisessem mais". Se o senso de valor dos pais estiver exclusivamente ligado aos filhos, não levando em conta todos os demais papéis (amigo, membro da igreja etc.), o resultado futuro pode ser a solidão. A pressão durante a criação dos filhos pode ser enorme e paralisante.

Precisamos de propósito. (Por que estou vivo?) É fácil, embora perigoso, encontrar todo o nosso propósito apenas na vida como pais: *Eu vivo para amar meus filhos e para ajudá-los a ter uma vida tranquila. Ninguém pode fazer isso como eu.* Embora amar e educar filhos seja uma das missões mais importantes que teremos na vida, quando já não podemos mais contar com nossos filhos para a nossa segurança, nossa identidade e nosso senso de valor, vamos questionar se cumprimos o nosso propósito: "Tenho certeza de que não fiz um bom trabalho nessa área. Eles mentiram para mim. Não os criei para que fossem assim. Não é mais tão agradável sair com eles como era antes. Às vezes, eles agem como se não me conhecessem. Não sei mais qual o meu propósito."

Precisamos de competência. (O que eu faço bem?) Todos nós temos a necessidade de ser competentes em alguma coisa. E, mais uma vez, basear-se apenas na relação pais e filhos não é sábio: *Eu sou uma boa mãe. Conheço os meus filhos e sei como ajudá-los.* Quando os filhos errarem, questionaremos nossa competência, uma vez que eles não estarão respondendo da maneira que imaginamos. Concluiremos que não somos tão bons pais como pensávamos, e isso pode nos abalar bastante.

Claro que é importante sermos bons pais, mas tentar satisfazer nossas necessidades legítimas apenas em nossos filhos e em nosso papel como pais coloca pressão sobre eles e, obviamente, sobre nós também. É errado quando, tentando nos sentir plenos, exibimos nossa linda filha para chamar a atenção das pessoas. Ou quando queremos nos sentir competentes e fazemos de tudo para que o nosso filho seja o principal jogador do time de futebol da escola. E até mesmo quando queremos satisfazer a nossa necessidade de aceitação por intermédio de nossos filhos que têm muitos amigos e participam de muitos grupos dentro da escola. Agindo assim, experimentamos a vida apenas por meio da vida dos filhos. Quando satisfazemos as nossas necessidades somente por intermédio dos filhos, tornamo-nos mais como colegas do que realmente pais. Isso serve como um escape nos momentos em que a pressão aumenta sobre eles para que sejam perfeitos, porque você não se sente decepcionado, já que desempenha um papel que não era seu. Pais sábios ficam alertas para a possibilidade de caírem na rotina de esperar que os filhos sejam a principal maneira de satisfação das suas necessidades.

É em situações como essa que o nosso relacionamento com Deus se torna tão importante. Apenas Deus nos dá a segurança autêntica, plena identidade, certeza de que somos queridos, propósito e capacitação. Só ele pode satisfazer cada uma de nossas necessidades. Nossos filhos precisam ver que encontramos o nosso valor e a nossa autoestima em nosso relacionamento com Deus. Somente por meio da nossa experiência poderemos guiar nossos filhos em direção Àquele que satisfará todas as necessidades deles também. Se seu relacionamento com Jesus Cristo não foi importante para você até este momento de sua vida, considere a importância disso agora e reflita sobre como você está influenciando a próxima geração. Dê a si mesma e a seus filhos a base sólida do fundamento da fé que servirá para você e para eles pelo resto da vida. Só Deus pode satisfazer todas as nossas necessidades.

Quando os filhos são livres das falsas expectativas, eles poderão ser eles mesmos. Eles podem correr o risco de cometer erros e de mudar de ideia enquanto amadurecem e descobrem sua identidade. Eles se sentirão importantes neste mundo simplesmente porque foram "tecidos no ventre de sua mãe" pelo Criador do universo, e isso tem um efeito incrível na vida deles (Salmo 139.13). Essa perspectiva, por si só, ajuda a criança a se sentir importante.

VOCÊ PODE AJUDAR SEUS FILHOS A SE SENTIREM IMPORTANTES NA MEDIDA CERTA

O que faz com que os filhos se sintam sem importância em suas próprias famílias e o que podemos fazer sobre isso? Graças a Deus há razões compreensíveis e também maneiras práticas para resolver questões como essa. À medida que você for lendo as seguintes questões, avalie as que são relevantes para você e seus filhos. Se não são relevantes, esqueça-as. Se são relevantes, tente aplicar em sua família algumas das sugestões que listo a seguir ou alguma que você venha a imaginar por conta própria, liberalmente aplicando em seus filhos os antídotos da compaixão, da percepção, da aceitação e do amor.

Se você encontrar uma questão que pode ser mais relevante e seus filhos já tiverem idade adequada, você pode falar com eles sobre isso. Se concordarem, peça-lhes que a ajudem a melhorar. Se o fizerem, respeitosamente, eles podem ajudá-la a mudar os seus hábitos ruins. E podem descobrir que também precisam fazer algumas mudanças.

> *Filhos podem se sentir como projetos que seus pais estão tentando terminar ou como problemas que estão tentando resolver – em vez de se sentirem filhos em processo de crescimento para a vida e a maturidade.*

Não desanime enquanto considera essas questões. Selecione aquelas que se aplicam a você e desconsidere as que não fazem o menor sentido para a sua vida. Estamos em um processo de aprendizagem para honrar nossos filhos, pois queremos o que é melhor para eles, modificando a forma como estamos interagindo com eles, a fim de manter o Vírus da Perfeição afastado de nossa casa.

Meu filho é um projeto a ser concluído?

Quando se sentem constantemente pressionados a mudar, os filhos podem chegar à falsa conclusão de que são inapropriados. Kathy já ouviu de alguns filhos que se sentiam como projetos que seus pais tentavam concluir ou problemas que eles se esforçavam para resolver, quando deveriam sentir-se apenas como filhos em processo de crescimento rumo à maturidade. Se você acredita que isso se aplica aos seus filhos, saiba que é possível virar o jogo. Veja algumas sugestões:

- *Ensine-os a mudar em vez de apenas lhes dizer que mudem.* Lembre-se: os filhos se sentem pressionados, então é mais eficaz que você os guie no caminho da transformação do que simplesmente pedir que eles mudem a si mesmos. Não subestime a sua capacidade de lhes fornecer uma "lição prática", proporcionando-lhes um exemplo de como é possível mudar. Por exemplo, se o seu filho responde à irmã com um tom agressivo, não basta dizer: "Não fale com a sua irmã dessa maneira." Em vez disso, mostre-lhe como você espera que ele responda com as palavras apropriadas e o tom adequado. Então, finalize com: "Eu gostaria que você tentasse falar com ela novamente, mas dessa vez da maneira certa."

- *Certifique-se de que você não está lhe pedindo para mudar algo que não pode ser alterado.* Isso soa como uma rejeição. Às vezes, não pensamos com cuidado em nossas palavras e acabamos exigindo mudanças que eles não podem fazer. Uma vez, depois que Kathy disse a um grupo de adolescentes como ela passou a se sentir confortável com sua altura, um menino perguntou se os pais dela já pediram que ela ficasse menor. Kathy não tinha certeza se havia entendido bem a pergunta e pediu ao menino que a repetisse. E Kathy, então, respondeu: "Não, isso não seria possível." Em seguida, o menino murmurou: "Bem, meus pais me pedem sempre que eu melhore as minhas notas na escola, mas acho que sou um permanente incapaz da mesma forma que você é permanentemente alta." Ela ficou impressionada e triste com a comparação que revelava quão inaceitável aquele menino se sentia. Tenha cuidado para não pedir aos seus filhos que mudem algo que não pode ser alterado.

- *Reconheça e elogie os pontos fortes de seus filhos, de modo que acreditem em você.* Em vez de dizer que eles são "bons", diga no que são bons de forma precisa: eficiência, bondade ou honestidade. Use a palavra "porque" para fornecer as provas. Isso fará com que eles acreditem em você, sendo mais provável que repitam essa característica positiva no futuro. Por exemplo: "Você é importante porque é único para nós. Afinal, você é nosso único filho de nove anos de idade e nos tornou uma família." Depois de verificar o dever de casa de sua filha, você pode comentar: "Você é muito criativa e faz tudo com capricho. Achei essa história que você escreveu engraçadíssima. Parabéns!" Você consegue perceber o poder dessas afirmações? Você usou um adjetivo e agora ela sabe: "Eu sou criativa." E você forneceu a evidência de que ela é criativa, dizendo o que no texto a surpreendeu. Sempre que você ajuda seus filhos a identificarem seus pontos fortes, eles se sentirão mais importantes e conectados com você.

O meu filho tem o máximo da minha atenção somente quando está em apuros?

Os filhos não se acham importantes quando recebem pouca ou nenhuma atenção de seus pais, exceto quando estão em apuros. Se percebemos tudo como "mau" e nada como "bom", eles podem concluir que são apenas inconvenientes. Quando só falamos com eles quando estão em apuros, eles nos veem como juízes que não se importam. Isso faz com que se sintam como se não fossem uma parte significativa da família, o que diminui a nossa capacidade de influenciar positivamente a vida deles.

Se você acredita que isso descreve um pouco do seu padrão de comportamento, ainda é possível recuperar o tempo perdido e ficar mais próximo de seus filhos:

- *Passe algum tempo com cada filho sem motivo específico.* Isso comunica que ele é importante. Estar no mesmo lugar, mesmo se você não estiver fazendo algo diretamente com ele, também o incentiva. Ele pode até não pedir para passar tempo ao seu lado nem tentar ter uma conversa, mas no fundo ele quer fazer

as duas coisas. Ele pode nunca dizer "obrigado", mas não significa que não seja grato. Isso significa que ele deseja de alguma forma ser conhecido, percebido e aceito.
- *Brinque com cada um deles.* Isso compensa os dias em que os filhos se comportam mal e temos de conversar com eles sobre as suas escolhas. Faça acontecer esse tempo (você não vai encontrá-lo por aí facilmente disponível) para jogar bola, ir ao parque ou brincar com algum jogo em casa. Construa um castelo de brinquedo com eles em vez de somente saber o que estão fazendo no quarto ao lado. Seja o convidado de honra de suas festas. Peça ao seu filho adolescente que lhe mostre por que ele gosta de um determinado jogo de computador ou videogame. Jogue uma "bolinha" no quintal. Procure ter sempre um novo jogo de tabuleiro para brincar em família. Lembre-se de que brincar também é benéfico para a aprendizagem de resolução de problemas reais, novas habilidades, criatividade, inovação e empatia, além de desenvolver fortes qualidades de caráter!

Meu filho sente que eu só me preocupo com as coisas que ele faz, e não como ele se sente?

Se só perguntamos aos nossos filhos sobre o que eles fazem e como fazem, eles terão a impressão de que o desempenho é tudo com o que nos preocupamos e que é tudo o que apreciamos neles. Na maior parte do tempo, agimos assim sem perceber, impondo aos filhos uma pressão por desempenho que os faz pensar que sua principal missão na vida é realizar a vontade dos pais e fazê-los felizes. Eles podem acreditar que essa é a única coisa que confere importância a eles.

Ocupar-se apenas com essa fatia limitada da vida deles restringe o nosso conhecimento e o nosso direito de falar sobre os demais aspectos que os envolvem. Estamos realmente satisfeitos com isso? Honestamente, não deveríamos estar.

Sou importante para você?

Se você vê esse hábito, tente uma ou mais destas estratégias que listarei a seguir para expandir suas questões:

- *Ouça com toda a atenção, sem a distração do celular em suas mãos.* Muitos filhos gostam de falar quando estão dentro do carro porque ali você fica disponível. Você não pode simplesmente ir embora quando eles compartilham algo desafiador. Os filhos também gostam de partilhar seus pensamentos e sentimentos no carro, porque você não pode fazer contato visual com eles. Desse jeito, eles não reparam no olhar de decepção que você pode lhes dar em troca. Embora você possa valorizar o tempo que passa sozinho e tome melhores decisões sem eles por perto, tente algumas vezes estar com eles para uma conversa onde eles terão toda a sua atenção. Sempre que estiver no carro, resista ao impulso de fazer e receber chamadas telefônicas ou de se distrair com o celular. De alguma maneira, isso diz aos seus filhos que a pessoa ao telefone é mais importante do que eles e essa é uma mensagem que você não quer que eles recebam. Conversar no escuro também pode ser eficaz. Vocês não podem ver os olhos uns dos outros, e a escuridão tem um efeito calmante. Coloque-os na cama na hora de dormir. Você pode não querer falar nesse momento do dia, mas a verdade é que os filhos são mais propensos a falar à noite. Aproveite a oportunidade!
- *Pergunte aos seus filhos o que eles pensam sobre as coisas.* Isso comunica que você se importa com a perspectiva e a opinião deles. Uma criança me disse em certa ocasião: "Quando minha mãe pede minha opinião sobre uma canção e não discorda imediatamente do que penso nem tenta me fazer mudar de opinião, me sinto mais importante. Isso me encoraja a continuar valorizando os meus próprios pensamentos. Isso não quer dizer que eu não esteja disposto a ouvir o que meus pais pensam

sobre as coisas. Na verdade, fica mais fácil as opiniões deles quando eles ouvem as minhas." Peça a opinião de seus filhos.
- *Pergunte aos seus filhos como eles estão se sentindo sobre determinadas coisas.* Isso mostra que você se preocupa com o coração deles. Porque sentimentos dirigem comportamentos, precisamos dar grande valor a eles. Por exemplo, você pode perguntar: "Como você se sentiu na escola hoje?" Essa pode ser uma pergunta desafiadora. Você pode usar uma lista de palavras que sejam bons sinônimos para sentimento, para eles escolherem. Você encontrará uma lista de palavras no apêndice A, caso precise de um lugar para ter ideias. (Eu faço cópias dessa lista para apresentar ao meu filho quando tento ajudá-lo a compreender seus sentimentos. Eu lhe entrego a caneta, a lista e digo: "Circule as palavras que, de alguma forma, simbolizem o que você está sentindo." Depois lhe dou alguns minutos para fazer isso e, em seguida, volto para ajudá-lo a processar seus sentimentos.) Isso pode ajudar especialmente os meninos, que não têm um grande número de respostas emocionais para a vida como as garotas. Depois de identificar seus sentimentos, será ótimo poder interagir com eles com perguntas, como: "O que acha que lhe causou esse sentimento?" e "Como você reagiu quando sentiu isso?" Depois de ter feito perguntas como essas algumas vezes, seus filhos poderão compartilhar livremente seus sentimentos com você. Essa é uma maneira maravilhosa de saber que eles confiam em você. Porque os sentimentos conduzem a comportamentos, precisamos conhecer os sentimentos de nossos filhos.

O meu filho sente que eu levo suas perguntas a sério?
Filhos podem se sentir insignificantes quando não levamos as suas questões a sério. Muitos têm dito a Kathy que uma das coisas mais dolorosas

que escutam se relaciona com essa questão. Depois que eles fazem uma pergunta, às vezes, os pais respondem com um "Isso não é importante". Esses filhos dizem a Kathy: "A questão de fato era importante para mim, de modo contrário eu não teria perguntado. Isso não é motivo suficiente para receber atenção?"

É fácil desconsiderar o que classificamos como *perguntas bobas* no meio do caos do dia a dia, mas é importante resistir a esse comportamento. Se você consegue se ver de alguma forma nessa situação, tente pelo menos uma das estratégias a seguir:

- *Responda de forma positiva e honesta.* Quando respondemos com um "Isso não é importante", pode ser que, na verdade, estejamos ocupados demais para falar naquele momento. Ou talvez não saibamos a resposta, mas não queremos que nossos filhos percebam isso. Talvez não seja o momento apropriado para responder, com outras pessoas ao redor. Talvez a criança ainda seja muito nova para lidar da mesma forma como você lidaria. Todas essas são razões legítimas, então por que diríamos "Isso não é importante"? Falando honestamente, às vezes estamos sobrecarregados ou simplesmente cansados. Em vez de tentar escapar das perguntas de seus filhos, simplesmente fale a verdade: "Ótima pergunta. Eu vou responder isso mais tarde, quando sua irmã estiver na cama." "Você é curioso. Ótimo! Não tenho certeza para responder ainda. Vou pesquisar e darei uma resposta depois que terminar este telefonema." Essas são boas maneiras de responder de forma positiva e honesta. Responda às perguntas dos filhos da forma mais sincera possível, mesmo que você tenha de admitir que não sabe ou tenha de aguardar um melhor momento para, então, proporcionar uma resposta adequada.
- *Incentive seus filhos a também fazerem perguntas sobre o seu dia quando você perguntar sobre o deles.* Não se ofenda se eles não

tiverem perguntas, mas esteja sempre disponível quando precisarem. (A disponibilidade é uma escolha. Há sempre algo mais que poderíamos fazer e algo a que poderíamos prestar atenção.) Quando perguntarem, procure responder com detalhes apropriados para a idade deles. Procure oportunidades para usar essas conversas falando sobre como você lida com frustrações, coisas que fogem de seu controle, pessoas difíceis e, inclusive, sobre seus erros. Quando ouvirem você falar sobre as suas imperfeições e lutas, eles estarão mais propensos a falar com você sobre as deles.

Meu filho sente que há dois pesos e duas medidas em nossa família?

Filhos se sentem como pessoas de segunda classe em família, quando fazemos com eles o que não queremos que eles façam conosco. Um padrão desigual não nos ajudará a mostrar a nossos filhos como eles são importantes para nós. Por exemplo, uma das queixas que Kathy mais ouve dos filhos é sobre interrupções. Os filhos se ressentem quando os interrompemos e quando sabem que não podem fazer o mesmo conosco. Se eles nos interrompem, demonstramos imediatamente o nosso descontentamento. No entanto, quando eles se queixam que os interrompemos, não tratamos a sua queixa como algo importante. Isso faz com que as conversas deles pareçam menos importantes, o que também os faz se sentirem menos importantes.

Caso perceba essa dinâmica no seu relacionamento com seus filhos, você pode:

- *Ensinar a todos de sua família como interromper respeitosamente.* Simplesmente toque no braço ou no ombro da pessoa e espere. Quando a pessoa tocada estabelecer contato visual, você saberá que ela está preparada para ouvir. Isso pode parecer difícil no começo, mas com o tempo todos encontrarão uma forma eficaz de

obter a atenção de alguém quando estiver fazendo alguma outra coisa. Pratique essa nova ferramenta de comunicação com todos e tenha a chance de experimentá-la e de vê-la funcionar. Juntos, pratiquem formas respeitosas de interrupção.
- *Peça desculpas quando não estiver com a razão.* Se você tem o hábito de respeitar seus filhos, desculpe-se quando esperar por alguma coisa deles que eles não podem esperar de você. Se houver razões legítimas para ter padrões diferentes com os seus filhos, pelo menos explique as razões. Se não há, busque ser coerente.
- *Prepare seus filhos antecipadamente para a interrupção.* Uma atitude que eu precisava parar de fazer era a de pedir aos meus filhos que fizessem algo imediatamente antes de prepará-los para isso. Eu mesma não gostava de ser interrompida nem que me dissessem para fazer qualquer coisa sem algum tipo de comunicado. Aprendi que um aviso prévio de cinco minutos era útil e respeitoso para meus filhos. "Cinco minutos para o jantar! Por favor estejam prontos para comer em cinco minutos." Ou: "Vão se deitar em dez minutos. Então vocês precisam parar de jogar e começar a guardar os brinquedos em cinco minutos."

Posso permitir que meu filho dê sua opinião sobre as atividades familiares?

Kathy ouviu relatos de filhos que se sentem sem importância quando nunca têm suas opiniões consideradas por seus pais. Filhos mais proativos se beneficiam especialmente quando os envolvemos em projetos e atividades e quando estamos de acordo com as suas ideias, se elas forem apropriadas. Quando apenas recebem ordens para irem aqui e ali, fazerem isso e aquilo, os filhos podem se sentir invisíveis em casa.

Encontre oportunidades para envolver seus filhos em algumas decisões familiares.

Se isso acontece em sua família, aqui estão algumas sugestões de como ajustar a comunicação com os filhos:

- *Encontre oportunidades adequadas para envolver seus filhos nas decisões.* Se você deseja sair para jantar em um restaurante italiano, pode perguntar se eles têm alguma preferência entre três opções. Ao planejar uma divertida noite em família, pergunte se eles preferem assistir a um filme, jogar cartas ou sair para passear. Como com qualquer outra coisa na vida, ter uma oportunidade de escolher é um privilégio. Se eles argumentarem, queixarem-se das opções ou levarem tempo demais para decidir, perdem o privilégio e você decide. Em nossa casa, sábado à noite é o momento da família. A cada semana, um se torna responsável por decidir a programação. O acordo é que todos respeitem a escolha de quem decidiu e contribuam para a diversão. Isso dá a todos uma oportunidade de pensar sobre coisas favoritas a fazer. Encontre oportunidades para envolver seus filhos em algumas decisões familiares.
- *Mensalmente, na data de nascimento de um filho, deixe que ele escolha o cardápio do jantar.* Se o seu filho mais velho nasceu no dia 11, ele poderia escolher o menu do jantar no décimo primeiro dia de cada mês. Se o seu mais novo nasceu no dia 17 do mês, esse é o dia dele. À medida que crescem, eles podem não só escolher o menu de jantar, mas podem fazê-lo eles mesmos, se você quiser lhes dar a oportunidade de aprender a cozinhar.
- *Diga sim quando puder.* Dizer não o tempo todo pode sugerir aos filhos que todas as ideias deles são erradas e descartáveis. Dizer "sim" regularmente não é a única maneira de honrar, mas facilita o entendimento dos filhos quando o "não" for a única resposta possível. Muitos anos atrás, eu fiz um desafio para as mães que me seguiam no meu blog para serem "Uma mãe

Sim!" Quando as mães aceitaram o desafio, elas descobriram que muitos dos seus NÃOS eram causados pelo egoísmo. Isso não é fácil de se admitir, mas ajuda a colocar essa estratégia em execução. Quando você diz "sim" e seus filhos a veem sair de seu caminho para ajudá-los a fazer o que pediram, eles se sentem importantes. Diga sim, sempre que puder.

Espero que meus filhos façam do lar um lugar de relacionamentos significativos?

Não pense que ter tarefas para realizar fará com que seus filhos sintam-se importantes. É bem verdade que envolvê-los como parte integrante da vida da família é melhor do que não os envolver, mas não deve ser a única razão pela qual os filhos se sintam percebidos ou valorizados. Uma menina muito astuta disse à Kathy uma vez: "Eu me sinto como uma bagagem extra. Se o armário fosse grande o suficiente, eles me colocariam na parte de trás com as malas, para eu só sair quando precisassem. Sou apenas uma babá agora, porque eles tiveram outro bebê. Eu nem sequer me sinto mais como sua filha. Sou apenas uma moradora que ajuda na casa."

Se por algum motivo você caiu nessa armadilha, é possível:

- *Pedir aos filhos que façam tarefas adequadas à idade tão cedo quanto possível.* Isso é uma maneira de protegê-los do sentimento de que são usados, quando forem mais velhos. Se eles ajudam em casa desde pequenos, entenderão que as responsabilidades crescem junto com eles. Isso os ajuda a se enxergarem como parte integrante da família. Precisa de ajuda para determinar as tarefas apropriadas para cada idade? Verifique o apêndice B.
- *Equilibre o trabalho e a diversão em casa.* Sim, há trabalho a ser feito: roupas, louças, limpeza, cuidados com o quintal e muito mais. No entanto, há a necessidade de diversão em casa também:

brincar de bola no quintal, jogos de tabuleiro na sala ou outro tipo de atividade que agrade às crianças. Tente equilibrar o trabalho e a diversão em sua casa.

Meu filho adotado (ou enteado) se sente menos importante do que meus filhos biológicos?

A questão dos filhos adotivos e dos filhos de outro casamento de nosso cônjuge não pode ser colocada em uma caixa. Em algumas famílias, filhos adotivos e enteados sentem-se sem importância e em outras eles são superestimados. Isso tem a ver com tratar os filhos igualmente, enquanto eles estão conosco. Como mãe adotiva, sei que, às vezes, nossos filhos vêm com uma bagagem que é difícil de desfazer, pois refere-se a essas questões fundamentais. Você pode fazer todas as coisas certas e eles ainda podem vir para cima de você com respostas erradas bem formuladas e fixadas na mente. Não use isso como uma desculpa para deixar de tentar, mas reconheça que os filhos que passam pelo processo de adoção precisam de uma ajuda extra para chegar ao lugar onde se vejam de maneira saudável e positiva.

Se você faz parte de uma família adotiva, você pode:

- *Resistir aos rótulos.* Betsy, a sobrinha de Kathy, é adotada. Quando ela era pequena, seus bisavós a apresentavam a seus amigos como "a adotada" para diferenciá-la de seus irmãos. Sabiamente, seus pais pediram-lhes que parassem. Eles não queriam que Betsy fosse pelo mesmo caminho. (Eles começaram a celebrar o "dia de adoção" com um bolo e conversas sobre memórias especiais, mas na maioria dos dias o fato de Betsy ter sido adotada era irrelevante. E, no seio da família, Betsy é conhecida como "o dom" e Andy e Katie, seus irmãos, são os "milagres".)
- *Ser unidos como um casal que ama e disciplina todos os filhos incondicionalmente.* Procure tratar todos os filhos da mesma forma, seja sobre expectativas, seja sobre prestação de contas.

- *Sem desrespeitar seus pais biológicos, não se refiram a si mesmos como madrasta ou padrasto a menos que seja extremamente essencial.* Evite a palavra "enteados". Chame-os de "nossos filhos", e não "meus filhos" ou "seus". Lembre-se, há poder nas suas palavras.
- *Passar tempo de qualidade a sós com seus enteados para conhecê-los individualmente.* Seja você. Não tente impressioná-los. Por intermédio das suas palavras e das suas ações, eles saberão que você os ama e os aprecia.
- *Incluir enteados em tarefas e jogos que exigem toda a família participando junta, como uma equipe.* Isso indica que eles fazem parte do grupo e que são importantes e necessários.
- *Mostrar aos enteados que as tradições são importantes e que eles devem incorporá-las, se possível.* Isso pode exigir que você altere as rotinas ou as tradições para promover a inclusão. Quando Kolya tornou-se parte da nossa família, alguns alimentos russos passaram a fazer parte de nossa vida. Um de seus alimentos favoritos é *borscht*, uma sopa feita de beterraba. Nós não apenas aprendemos a gostar de *borscht*, como também passamos a plantar beterraba em nosso jardim e aprendemos a fazer a sopa.
- *Não agir como se a vida da "outra família" do enteado não existisse.* Ouça as histórias sobre coisas que eles fizeram juntos e demonstre interesse por elas. Não tenha medo do outro grupo de membros da família ou do amor que seu enteado tem por eles. Os filhos sentem medo e não responderão bem a isso.

Você notou que nenhuma das sugestões para ajudar os filhos a saberem que são valorizados incluiu tornar-se um pai superprotetor ou uma mãe superprotetora, que precisa estar envolvido em todos os aspectos da vida dos filhos? Também não recomendamos que você se torne alguém que tira qualquer pessoa do caminho do sucesso de seus filhos.

Essas atitudes não comunicam aos filhos que são importantes, embora muitos possam pensar que sim. Ao contrário, eles podem comunicar algo como "Não confio em você", ou "Não posso viver sem você", ou "Você não pode se proteger sozinho e por isso precisa de seus pais para obter tudo do que necessita na vida". Esses padrões não são saudáveis e são geradores de dúvida e imaturidade nos filhos, algo que queremos, com toda certeza, evitar. Fique sempre atento para não atrapalhar seus filhos, em vez de ajudar.

APLIQUE OS ANTÍDOTOS

A maneira como interagimos com nossos filhos responde fortemente à pergunta: "Sou importante para você?" Cada antídoto é uma ferramenta prática para comunicar essa importância:

Compaixão

Quando somos capazes de nos colocar no lugar dos filhos, eles passam a se sentir importantes. Quando os seus sentimentos são considerados, e não desprezados, eles percebem o valor que damos a eles.

Percepção

Preste atenção aos momentos difíceis na vida de seus filhos, quando eles parecem querer ficar em segundo plano, em vez de ocupar seu lugar exclusivo no mundo. Perceber o desejo do filho de "ficar invisível" pode ajudá-lo a se sentir importante e amado. Mesmo os filhos maiores, que já estão saindo de casa, têm seus momentos de insegurança, e um olhar atento e amoroso vindo da mãe ou do pai pode identificar e tratar esses momentos, quando eles ocorrem.

Aceitação

A sua aceitação de quem o seu filho realmente é comunicará a importância dele. Afirmar os pontos fortes deles com frequência os ajudará a crer que eles têm tudo de que necessitam para vencer. Quando sentirem que você é seu maior incentivador, eles entenderão como são importantes!

Amor

Quando nos sentimos amados por alguém de forma incondicional, naturalmente nos sentimos também importantes para essa pessoa. Expressar amor nunca será demais. Sempre deixe claro o seu amor por seus filhos, não importa o que eles façam.

SOU IMPORTANTE PARA VOCÊ?

Filhos levam tempo para saber que são importantes simplesmente porque existem. Eles precisam acreditar que são importantes neste mundo e que são importantes para nós. Quanto mais entendemos isso e tomamos decisões que respondem de alguma forma à pergunta "Sou importante para você?" com um caloroso "sim", mais ajudaremos os nossos filhos imperfeitos a encontrarem o seu próprio caminho neste mundo.

A história de Calan

Numa clara noite de sexta-feira, atravessamos o portão principal da escola para o jogo de futebol que estava prestes a começar, quando algumas pessoas da nossa pequena cidade começaram a perguntar se já tínhamos visto nossa filha Calan. Calan, à época com 15 anos, havia nos pedido para ir à casa de uma amiga depois da aula e nos encontrar direto no jogo. Portanto, eu não a tinha visto desde a manhã. Assim, as perguntas das pessoas começaram a produzir perguntas em meu coração. O que minha filha teria feito, afinal?

Enquanto nos aproximávamos dos nossos lugares, muitos amigos sorriam e acenavam com a cabeça. Seja lá o que Calan tivesse feito, parecia ter sido divertido. Minha curiosidade aumentava. De repente, toda a nossa atenção voltou-se para o campo quando a equipe marcou um gol. As líderes de torcida começaram a gritar alto, e a banda começou a tocar uma música triunfante. Então, finalmente a vi. Correndo na linha lateral do campo, carregando uma bandeira gigantesca da escola, estava Calan. Seu rosto estava pintado de vermelho e branco, e ela usava calças vermelhas com listras pretas verticais. Eu não estava acreditando no que meus olhos viam.

Minha filhinha! Minha filhinha?! A pintura no rosto, a roupa meio amalucada, uma fanática torcedora?! Isso não era exatamente o que eu esperava. E o pior, eu sequer tinha certeza de como deveria me sentir. O que seus colegas pensavam daquilo tudo? O que os meus amigos estariam pensando? O que os professores e diretores da escola achariam? Um amigo que estava próximo, percebendo a emoção estampada em meu rosto, disse: "Ela é uma garota muito querida. Está num grande grupo de meninas, mas é autêntica e confiante, sem temer o que os outros pensam dela. Certamente outros pais gostariam de estar agora no seu lugar. Parabéns."

Sou importante para você?

Ali estava a sabedoria, exatamente quando eu mais precisava. Lembrei logo do meu diário de orações por ela. Cada dia de sua vida eu pedia a Deus que lhe desse confiança e ousadia. E tenho orado para que ela seja querida por todos e para não perder a sua autoconfiança quando alguém não gostar dela. No entanto, as minhas expectativas em relação a essas orações incluíam ela demonstrando de maneira firme e segura suas convicções quando desafiada, vestindo roupas modestas em vez de estilos atrevidos, gostando do que vê no espelho e sendo grata pela pessoa que Deus a fez ser, e não essa demonstração quase de loucura e fanatismo na minha frente – e na frente dos outros.

Enquanto eu permanecia contemplando-a, percebi que ela é confiável e que não só defende suas convicções como também faz isso de uma maneira respeitosa. Moletom e camiseta são os seus trajes preferidos, em vez de algo que seja mais revelador de seu corpo. Ela não sente a necessidade de usar maquiagem para chamar mais atenção e aceita as qualidades da personalidade única que Deus lhe deu.

Meus olhos se voltaram para a menina que corria para cima e para baixo no campo, parecendo uma lunática. Meu coração se encheu de amor por ela. Eu não podia negar a felicidade que Calan sentia vendo-se tão confiante e corajosa. Toda a torcida organizada e os jogadores a cumprimentaram, enquanto ela passava por eles correndo. Os alunos, bem como seus pais, a ovacionavam ao mesmo tempo. Professores e pais estavam sorrindo e elogiando sua coragem. Enfim, todos estavam se divertindo!

Quando a minha filha não faz jus às minhas expectativas, eu tenho de parar e refletir. Muitas vezes, quem precisa mudar sou eu, não minha filha. Sou eu que preciso alterar os meus próprios desejos. Quando eu realmente considero a pessoa que Deus criou, Calan excede qualquer expectativa.[5]

---

5. Connie Johnson, post em seu blog: "Meu filho não satisfaz às minhas expectativas", acessado em 18 de julho de 2013. Usado com permissão. http://conniedavisjohnson.com.

CAPÍTULO 5

Tudo bem PORQUE SOU ÚNICO?

Certo dia, um amigo de Kathy estava num restaurante e observou um casal com dois filhos. Um deles parecia ser adotado (o tom da sua pele destoava do restante da família). Ele perguntou a seus pais:

— Por que não pareço com a minha irmã... nem com vocês?

Depois de uma breve pausa, a resposta do pai foi incrível!

— Bem, porque nós pensamos que seria chato sermos uma família de pessoas em que todos são iguais e agem da mesma forma... Além disso, assim como Deus ama pessoas que são diferentes, queríamos ser capazes de amar e de celebrar as diferenças todos os dias com um menino tão especial e inteligente como você!

Aquele pequeno menino encheu-se de orgulho e, sem perder o ritmo, respondeu, enquanto balançava a cabeça em concordância:

— Eu sou especial! Jesus disse que eu sou especial desde quando era um bebê! — e voltou a se divertir com seu brinquedo. Os pais se entreolharam, sorriram e continuaram a comer.

Que bela demonstração de celebração da singularidade. Todos nós queremos acreditar que somos especiais. Somos projetados com uma finalidade. Somos únicos, e isso é algo maravilhoso de saber! Como adultos, precisamos aceitar nossa singularidade e ajudar nossos filhos a fazerem o mesmo!

O PROJETO DO CRIADOR

Quando criou as girafas, Deus as projetou para gostarem de folhas de acácia. Essa árvore é cheia de espinhos, e Deus sabia que as girafas usariam a língua para pegar apenas as folhas no alto das árvores. Portanto, ele as fez com língua grande, assim elas podem evitar os espinhos enquanto manobram o pescoço para alcançar apenas as folhas mais altas. Deus criou sua saliva espessa e pegajosa que pode, assim, envolver quaisquer espinhos que elas possam engolir. Sua saliva também tem qualidades antibacterianas, por isso elas não são infectadas mesmo que sejam picadas frequentemente.

Camelos também foram criados com propósito. Eles podem mastigar plantas espinhosas do deserto porque sua boca tem um forro grosso, que parece um couro. A areia não os incomoda, porque eles podem fechar suas narinas, e Deus os fez com cílios longos e pelos na orelha para protegê-los. Eles podem usar sua terceira pálpebra, transparente, para desalojar a areia que poderia entrar em seus olhos. Sua passada larga e seus pés especiais os mantêm livres de afundar na areia. As corcovas das costas dos camelos armazenam até 35 quilos de gordura, e eles podem transformar isso em água e energia, quando não encontram comida.

Deus não foi apenas cuidadoso, criativo e atencioso ao criar os animais. Cada um de nós, assim como nossos filhos, foi criado pelo mesmo Deus amoroso. Ele sabe por que nos criou e nos projetou com um propósito em mente.

A HISTÓRIA DE KATHY

Quando Kathy tinha seis anos de idade, depois de um dia estressante na escola, ela subiu à cama de seus pais e disse à sua mãe que não queria mais crescer. Aos seis anos, ela já se sentia muito alta. Ela se lembrava dos pés não caberem mais confortavelmente debaixo de sua carteira da escola. Kathy também se sentia desajeitada, porque crescera muito rapidamente. E falou com sua mãe sobre isso também.

Naquela noite, sua mãe conversou com o pai, buscando uma solução para o problema. Claramente, a experiência e a intuição de Kathy haviam dito que ela poderia confiar em seus pais nos momentos de aperto no coração. E a mãe de Kathy não ouviu seu comentário como uma reclamação, mas como uma preocupação. Seu primeiro pensamento era: *"Como podemos melhorar a sua situação?"* Esse é o amor em ação do qual os filhos precisam quando ficam preocupados com as peculiaridades de suas características, sua personalidade e seus gostos.

Kathy estava crescendo e se tornaria uma mulher alta. Seus pais eram altos e sabiam que isso seria inevitável. A única coisa que podiam fazer era ajudá-la a mudar sua atitude em relação à sua estatura. Sua falta de jeito era algo que poderia ser reparado. Ainda naquela semana, eles inscreveram Kathy na aula de dança. Exercícios, balé e acrobacias aumentariam a sua coordenação motora, melhorariam sua postura e a tornariam menos desajeitada. Além disso, já que apenas a garota mais alta era autorizada a ficar no centro da fileira de trás das dançarinas, Kathy começou a gostar de sua altura por causa das aulas.

Quando cursava o nono ano, Kathy era mais alta do que qualquer menino ou menina em sua classe. Ela tentou jogar basquete, mas se achava tão alta que acreditava que sequer teria a necessidade de pular, além de não se considerar uma boa jogadora. A dança continuou a ser algo de que ela gostava, e pela solução encontrada por seus pais, Kathy já não era mais desajeitada e acabou tornando-se até mesmo parte das equipes de ginástica do ensino médio e da faculdade. Apesar de sua estatura não ser sua característica favorita, ela já não tinha dificuldade de se relacionar bem com as pessoas. Porque adquiriu confiança com sua identidade, Kathy tinha forças para confiar em si mesma e nos outros quando fazia amizades.

Kathy adora desafiar crianças para que desfrutem de tempo suficiente e sejam fortes o bastante para descobrirem por que são do jeito que são. Foi exatamente isso que aconteceu com ela. Essa consciência foi se expandindo até que, mais velha, ela pôde compreender que Deus a criara de maneira exclusiva. Anos depois, quando dava aulas para alunos do ensino médio, Kathy ajudava seus colegas a pendurarem coisas no teto sem a necessidade de uma escada. Os compartimentos superiores dos aviões não são fáceis para qualquer pessoa alcançar, mas Kathy não tem problemas quando vai colocar sua bagagem de mão neles. Ela ajuda os outros com frequência. E quando faz palestras em convenções e igrejas, as pessoas podem vê-la, não importa onde estejam sentadas. Kathy passou a ter confiança em Deus para acreditar que existe uma razão pela qual havia sido criada dessa maneira.

A altura de Kathy é parte de sua singularidade. Ela é mais alta do que a maioria das mulheres e do que muitos homens. Mas isso não é mais um problema. Por quê? Porque quando tinha seis anos, ela teve uma mãe em quem podia confiar para ouvir sua queixa. Ela teve pais unidos na missão de ajudá-la. Ela teve pais comprometidos em amá-la do jeito que ela era, que fizeram de tudo para que ela buscasse coisas positivas para sua vida. Eles pensaram juntos numa solução para o problema de Kathy. Ela nunca mais se sentiu rejeitada, porque seus pais a ajudaram a mudar sua atitude em relação a sua estatura, que não poderia ser alterada, e com a sua forma desajeitada de ser, mas que eles sabiam que poderia melhorar.

ISSO É RECLAMAÇÃO OU PREOCUPAÇÃO?

Os pais de Kathy fizeram algo muito importante, que todos nós podemos aprender: eles não ouviram o comentário de sua filha sobre sua singularidade como uma reclamação, mas sim como uma preocupação. Admito que nem sempre consigo discernir a diferença, mas sei que preciso aprender a separar uma coisa da outra.

Não há muita diferença entre elas, mas acredito que a palavra *preocupação* pode ser definida como "um clamor do coração". Kathy usou essa frase para descrever a resposta de seus pais. Eles ouviram o clamor de seu coração. Procure discernir a diferença entre uma reclamação e uma preocupação.

Como podemos, como pais, ouvir melhor o clamor do coração dos nossos filhos? Há três maneiras:

- *Observe seu ritmo de vida.* A vida ocupada demais nos deixa insensíveis. Se estiver sobrecarregada, você não vai conseguir desacelerar o suficiente para realmente ouvir e entrar em sintonia com outra pessoa.
- *Ouça a mensagem por trás das palavras.* Às vezes, é fácil se impressionar com as palavras em vez da verdadeira mensagem por trás dessas palavras. Uma mãe que fazia educação domiciliar com seu filho (homeschooling) compartilhou que, um dia, o menino disse: "Eu gostaria de ter mais tempo com você, mãe." Ela prontamente respondeu àquelas palavras: "Nós vamos seguir o modelo de educação domiciliar! Você terá todo o tempo do mundo comigo." Ela escutou o "clamor do coração" de seu filho. Prontamente disse: "Parece que você quer ter um tempo especial apenas entre nós. Que tal planejarmos alguma coisa esta semana?" Sua pronta resposta demonstrou ao filho que ela tinha compreendido a preocupação dele.
- *Esteja atenta ao clamor de seu próprio coração.* É mais fácil sentir o clamor do coração de outra pessoa quando se é capaz de identificar o que está em seu próprio coração. O que a faz feliz? Triste? Que preocupações você vem mantendo escondidas dentro de si? Identificar as próprias emoções irá ajudá-la a processar as emoções daqueles que você ama.

QUÃO INTELIGENTE EU SOU?

Entre as muitas coisas valiosas para entender como cada filho é singular, notar que eles são inteligentes de maneiras diferentes certamente é uma delas. Perceba como a maneira de um filho discernir o mundo é muito distinta da maneira de seus irmãos e de seus amigos. Temos em comum o fato de que somos inteligentes, mas somos inteligentes de maneiras diferentes. Filhos são inteligentes de maneiras singularmente diferentes.

Muitos filhos perguntarão: "Mãe, eu sou inteligente?" Isso merece toda a nossa atenção, porque pode significar que eles foram confrontados, deram alguma resposta errada em público ou que alguma tarefa da escola foi especialmente difícil. Imagine poder responder: "Você não apenas é inteligente, como é inteligente de oito maneiras diferentes."

Nossos filhos são inteligentes de oito formas diferentes. Dependendo de sua idade, vários pontos fortes já podem ser observados facilmente. Cada aspecto da inteligência pode ser despertado e fortalecido. Cada um deles pode ser utilizado para aperfeiçoar a aprendizagem. O mau comportamento também pode nascer de cada tipo de inteligência (por exemplo, a inteligência lógica dos filhos pode criar problemas, filhos capacitados para a música gostam de fazer barulho, filhos com inteligência emocional sempre desejarão encontrar alguém para conversar). Filhos mais velhos podem identificar possibilidades para suas carreiras de acordo com a forma como eles são capacitados. Todos os filhos podem determinar a área que eles gostariam de trabalhar voluntariamente com base nas suas aptidões.

Numa noite de domingo, Mark e eu levamos nossos três filhos mais novos para conversar sobre os oito tipos de qualidades pessoais que teríamos entre os membros de nossa família. Conversamos sobre cada uma dessas qualidades e falamos sobre aquelas que mais nos atraíram. Também nos encorajamos, ressaltando as qualidades que víamos uns nos outros. Foi uma grande discussão em família, que ajudou a afirmar como todos nós somos seres únicos, mas também nos ajudou a entender melhor uns aos outros.

Aqui está como isso pode ser colocado em prática na vida real: se você e seu filho são capacitados na arte das palavras, vocês podem ir à biblioteca ou à livraria juntos. Você pode ainda apreciar um dia no museu ou uma tarde numa loja de artesanatos com sua filha vocacionada para as artes. Seu marido vai jogar futebol com seu filho fisicamente capacitado enquanto você vai ao horto florestal com a sua filha, amante da natureza.

Listo a seguir as oito diferentes habilidades, juntamente com uma pequena explicação de cada uma, como atuam e onde mais se destacam na vida escolar.

Para saber mais, confira o livro de Kathy *How Am I Smart? A Parent's Guide to Multiple Intelligences* (Como sou inteligente? Um guia para pais sobre inteligências múltiplas).[1] Esse livro é uma maravilhosa fonte. Você também pode ter acesso a uma pesquisa que a ajudará a determinar quais das oito habilidades são os pontos fortes de cada membro de sua família em www.celebratekids.com.

ASSUNTOS DE FAMÍLIA

A família é algo maravilhoso. Temos coisas em comum. Cada membro, contudo, é único. Somos semelhantes, porém diferentes. Nós vivemos juntos, mas também caminhamos sozinhos. Há uma beleza única em cada família.

A singularidade é uma coisa boa e necessária, porque podemos encontrar no outro as características e virtudes que faltam em nós. Também encontramos as semelhanças que muitas vezes nos fazem lembrar das coisas das quais não gostamos em nós mesmos – nossas vontades,

---

1. Kathy Koch. *How Am I Smart? A Parent's Guide to Multiple Intelligences*. (Como sou inteligente? Guia dos pais para inteligências múltiplas). Chicago: Moody Publishers, 2007.

nosso temperamento, nossa impaciência, nosso egoísmo. Meu Deus! Você já pensou se fôssemos iguais em todos os sentidos?

Habilidade	Em que estão focados	O que fazem quando estão animados	Qualidades acadêmicas
Verbal	Palavras	Conversam	Ler, escrever, falar, ouvir
Lógica	Perguntas	Fazem mais perguntas	Ciências, matemática, resolução de problemas, perguntas sobre grandes questões
Visual	Imagens	Visualmente criativos	Ficção, história, artes, rabiscam enquanto pensam
Musical	Ritmos e melodias	Composição musical	Música, memorização
Corporal	Movimento e toque	Movimentam-se	Atletismo, drama, trabalhos manuais, pensam enquanto estão fisicamente ativos
Natural	Padrões comparativos	Saem	Biologia, ciências da terra, temas de história relacionados com a natureza, categorização
Pessoal	Pessoas	Falam com pessoas	Trabalhos em grupo, discussões, aprender sobre as pessoas
Reflexiva	Pensamento	Passam tempo sozinhos	Entendimento profundo e clareza, artigos de opinião

Se pudermos valorizar as nossas diferenças, há uma satisfação especial quando estamos em família. Assemelha-se a peças de um quebra-cabeça que se encaixam perfeitamente, bonecas cujas roupas vestem perfeitamente ou livros que compõem uma série. Quando estamos com aqueles que mais nos amam, devemos ser capazes de arriscar revelar quem realmente somos. Ser singular e aceito nos liberta. Se você leu *Não existem mães perfeitas*, provavelmente experimentou uma certa liberdade depois de ser encorajada a ser você mesma! O que estamos aprendendo nestas páginas é dar aos nossos filhos essa mesma experiência de liberdade, enquanto eles são amados pelo que são, tendo liberdade para serem eles mesmos. Quando valorizamos nossas diferenças dentro da família, algo de especial ocorre.

Fazer uma lista sobre como os membros da família são parecidos e diferentes pode ser revelador e útil. Também é possível listar os pontos fortes que observamos. Incluir avós, tias, tios e primos na lista enriquece a experiência. Os irmãos podem apreciar a singularidade uns dos outros de maneira que os incentive profundamente e nos surpreenda. Conversas sobre os pontos fortes e traços únicos de cada um podem nos ajudar a ver esses pontos ou influências em nós e nos outros que não tínhamos notado até então.

Seu filho com síndrome de Down ajudou seus irmãos e seus avós a aceitarem melhor os outros? Seu filho com TDAH ajudou você a ser menos crítico quando percebe outras crianças no restaurante se comportando mal, enquanto sua mãe observa tudo sem tomar nenhuma atitude? Será que o seu talentoso e curioso filho, que faz mais perguntas do que você pode responder, lhe dá esperança de que sua geração resolverá muitos problemas? Será que o comportamento firme e ao mesmo tempo tranquilo de sua filha o lembra de ter um tempo de silêncio de vez em quando? Seu filho não atlético pode admitir que gosta de torcer para o seu irmão do lado de fora, ainda que seu desejo seja fazer parte da equipe?

Será que um irmão é capaz de descrever nove características que demonstram que sua irmã adotiva é semelhante a ele? Será que um primo indica o quanto sua filha com síndrome de Down amadureceu ultimamente? Será que uma tia pode incentivar especificamente a criatividade artística do seu filho autista? Será que, depois de tudo isso, podemos perceber que ele é mais criativo do que a maioria de nós e você passa a pensar sobre ele dessa forma a partir de então? Lembrem-se de que cada membro da família foi "maravilhosamente projetado" por Deus.

Ver uns aos outros através de uma lente diferente faz maravilhas para a crescente valorização das nossas contribuições únicas para este mundo. Lembre-se de que seus filhos, e também cada pessoa, são "maravilhosamente projetados" por um Deus que nos fez "de modo admirável" (Salmo 139.13-14) e tem um plano para nossa vida (Jeremias 29.11).

MÃOS E PÉS

Para que a singularidade seja apreciada e celebrada, as diferenças devem ser vistas como normais e, apenas, *diferentes*. Não como certo ou errado. Não é melhor nem pior. Em vez disso, todos somos parte do propósito perfeito de Deus. Isso é confirmado em 1Coríntios 12.4-27:

> Há diferentes tipos de dons, mas o Espírito é o mesmo. Há diferentes tipos de ministérios, mas o Senhor é o mesmo. Há diferentes formas de atuação, mas é o mesmo Deus quem efetua tudo em todos. [...] Ora, assim como o corpo é uma unidade, embora tenha muitos membros, e todos os membros, mesmo sendo muitos, formam um só corpo, assim também com respeito a Cristo. [...] Se o pé disser: "Porque não sou mão, não pertenço ao corpo", nem por isso deixa de fazer parte do corpo. E se o ouvido disser: "Porque não sou olho, não pertenço ao corpo", nem por isso deixa de fazer parte do corpo. Se todo o corpo fosse olho, onde estaria a audição? Se todo o corpo fosse ouvido, onde estaria o olfato? De fato, Deus dispôs cada um dos membros no corpo, segundo a sua vontade. Se todos fossem um só membro, onde estaria o corpo? Assim, há muitos membros, mas um só corpo. O olho não pode dizer à mão: "Não preciso de você!" Nem a cabeça pode dizer aos pés: "Não preciso de vocês!" Ao contrário, os membros do corpo que parecem mais fracos são indispensáveis, e os membros que pensamos serem menos honrosos, tratamos com especial honra. E os membros que em nós são indecorosos são tratados com decoro

especial, enquanto os que em nós são decorosos não precisam ser tratados de maneira especial. Mas Deus estruturou o corpo dando maior honra aos membros que dela tinham falta, a fim de que não haja divisão no corpo, mas, sim, que todos os membros tenham igual cuidado uns pelos outros. Quando um membro sofre, todos os outros sofrem com ele; quando um membro é honrado, todos os outros se alegram com ele. Ora, vocês são o corpo de Cristo, e cada um de vocês, individualmente, é membro desse corpo.

Todos nós temos uma parte especial no propósito perfeito de Deus.

Quando as crianças acreditam que são uma parte importante, essencial e planejada de sua família e de seu mundo, não precisam esconder como elas são únicas e mais confiantemente se envolverão com outras pessoas. Elas irão acreditar mais no melhor para si e para outros – que serão aceitas. Elas aprenderão que julgar os outros não é adequado e verão também que são semelhantes aos outros e não apenas diferentes.

A aceitação dos pais é mais essencial do que a aceitação dos colegas.

Embora as crianças ajam como se seus colegas fossem o fator mais importante para ajudá-los a sentirem-se confortáveis com elas mesmas, de fato, nós somos o fator mais importante. E se nós, como pais, não as aceitamos, elas buscarão alguém que as aceite. Quando aceitamos nossos filhos, eles não se sentem tão desesperados pela aceitação de seus colegas. Se não os aceitarmos, nossos filhos podem comprometer sua identidade na busca por um grupo, chegando ao ponto de tentarem esconder a sua própria singularidade. A aceitação dos pais é mais essencial do que a aceitação dos colegas.

Nosso trabalho é ajudar nossos filhos a descobrirem sua contribuição única a este mundo. Todos nós temos traços específicos, talentos, estilos de aprendizagem e temperamentos que Deus deseja utilizar para seus propósitos. Quanto mais ajudarmos nossos filhos a compreenderem que somos todos únicos, já que todos nós temos um papel especial a desempenhar na família de Deus, mais cedo eles serão capazes de aceitar suas características singulares e disponibilizá-las para um bom uso. Mesmo que, como Kathy, eles sejam mais altos do que qualquer outro garoto na classe.

APLIQUE OS ANTÍDOTOS

Nossos filhos estão em processo de se tornar alguém. Eles estão explorando, descobrindo e até mesmo lidando com decepções quando aprendem os seus pontos fortes e também suas fraquezas. Nesse processo, eles ficarão cara a cara com as suas imperfeições, e precisamos estar preparados para ajudá-los a processar isso também. Manter nossos próximos quatro antídotos na mente ajudará nossos filhos a aceitarem quem eles são, sem ficarem presos ao Vírus da Perfeição.

Compaixão

Tenha compaixão de seus filhos enquanto eles se "tornam" tudo o que Deus os criou para ser. Eles terão pontos altos quando descobrirem que são bons em alguma coisa e terão pontos baixos quando descobrirem que não são perfeitos ou não tão bons em algumas outras. Ajudá-los a aceitar as circunstâncias decorrentes disso requer compaixão, empatia e grande dose de paciência. Ajudar os filhos a aceitarem tanto os pontos fortes quanto os fracos requer compaixão, empatia e paciência.

Percepção

As crianças não são de explorar atividades diferentes sem a ajuda da mamãe e do papai. Preste atenção às inclinações naturais de seus filhos. Eles são artistas? Racionais? Técnicos? Eles são atraídos pelos detalhes ou pela visão do todo? Que tipo de coisas eles percebem com mais naturalidade? Procuram o quê? O que veem nos outros? Quando você começar a perceber os padrões de personalidade e os talentos do seu filho, ofereça diferentes facetas de experiências para que ele possa explorar. Por exemplo, quando descobrimos que a nossa filha tinha habilidades artísticas, nós a encorajamos a tentar desenhar, pintar, fotografar, fazer cerâmica, design gráfico e outras coisas mais! Nesse processo, ela aprendeu a respeito do que gostava e fazia bem e do que ela não gostava e não era tão talentosa para fazer.

Aceitação
Quando seus filhos identificarem as atividades que eles gostam e as que não gostam, aceite suas opiniões e seus comentários. Resista à tentação de empurrar um objeto quadrado para preencher um espaço redondo. Isso significa dizer que você talvez tenha que lidar com uma dose de decepção se os interesses ou os talentos de seu filho não estiverem alinhados com o que você estava pensando ou esperando. Lembre-se, você não está criando um "filho idealizado". Você está criando uma criança real. Quanto mais cedo você puder aceitar a singularidade de uma criança, mais cedo ela poderá aceitar a si mesma.

Ame
O amor é paciente e bondoso. Seus filhos podem ser impacientes quando tentam coisas novas. Eles podem não gostar da sensação de não se sentirem capazes para algo de imediato. É possível que eles venham a atacar e descontar em você a frustração pela forma como são únicos. Resista ao impulso de revidar as emoções frustrantes e escolha responder a tudo isso de maneira gentil e amorosa.

E VOCÊ?
Qual a sua história? Você a compartilhou com seus filhos? Eles se beneficiarão se você fizer isso. Assim como Kathy lutava contra sua estatura, há algo contra o qual você tenha lutado desde criança, mas que, agora, vê como positivo? Você agradeceu a alguém que o ajudou ou foi capaz

de crescer de forma independente? Qual papel que a compaixão, a percepção, a aceitação e o amor exerceram no seu crescimento? Compartilhe como suas habilidades contribuíram para a sua singularidade. Será que essa singularidade afetou você quando era jovem? Compartilhar sua história ajudará seus filhos a encontrarem um senso de conexão com você, enquanto eles exploram as suas características únicas.

A história de Laura

Ela disse que já havia escovado o cabelo e não queria fazer isso de novo. Uma observação fez a declaração duvidosa. "Mãe! É só cabelo." Ela havia brincado sob pilhas de cobertores com sua irmã por um longo tempo. E estava vestindo uma calça verde de lã com pinguins. Sua camisa verde se confundia com as calças, e seus sapatos eram pretos, com laços. Sua aparência me fez ficar constrangida e em dúvida quanto a levá-la para a loja comigo.

Não sou uma mulher *fashion*. Eu, inclusive, seria uma boa candidata para participar de um banho de loja, daqueles promovidos por programas de TV, em que eles param uma mãe exausta na rua e a ajudam a se vestir melhor. Ainda assim, eu me senti envergonhada quando levei a minha filha a um lugar para o qual ela não estava adequadamente vestida. Mães de meninos lutam contra tais coisas? "Ela se vestiu sozinha", sussurrei a uma amiga, enquanto ia a uma loja.

Eu jamais serei o tipo de mãe que pressiona seus filhos a se vestirem de uma determinada maneira. Se a situação não exigia um vestido especial, então certamente eu poderia deixar meus filhos se expressarem. Essas são batalhas pelas quais vale a pena lutar na maioria dos dias. Se as roupas servem por um tempo e não são facilmente destruídas pelas brincadeiras, eu desejo ser uma mãe que deixa as meninas se vestirem por conta própria. As lições sobre a primeira impressão podem vir mais tarde. A própria vida ensinará como as pessoas respondem ao modo como se vestem. Secretamente, porém, eu invejava a minha cunhada, cuja filha mais velha, aos sete anos, ainda deixava a mãe escolher suas roupas. Abri mão do direito de escolher a roupa em troca de paz quando meus filhos tinham algo em torno de dois anos. Muitas vezes, eu me divertia com seus gostos estranhos, mas ainda que a vida fosse difícil em outras áreas, eu queria a satisfação de ter minha filha parecendo bonita (preciso confessar uma verdade: quando a vida fica difícil, eu tento controlar um pouco as coisas).

Em um dia difícil desses, eu estava discutindo com a minha filha sobre roupas. Eu estava lhe pedindo que usasse uma roupa bonita e que combinasse. Quando ela perguntou a razão, respondi: "Porque a calça de pinguim me deixou constrangida." Ela me ouviu. Tais palavras não pertenciam à filosofia que eu pregava. Em algum lugar, eu tinha comprado a ideia de que crianças eram melhores quando estavam bonitas, que as roupas combinando com assessórios e meias eram algo importante. Talvez seja porque ninguém repara admirado a sua menina quando ela usa calça de lã com pinguim, mas uma roupa bem combinada é garantia de elogios. Quando eu havia me rendido a essa cultura orientada pela moda? Por que eu estava trabalhando contra meu próprio desejo de ensinar a minha menina que o mundo olha para as aparências externas, mas Deus olha para o coração?

Esperando que ela não tivesse me dado atenção, eu falei retraída: "Na verdade, querida, se a calça de lã com pinguim está limpa, ela está boa para você usar. Vá em frente e vista." Aprendi desde então que estilo é parte da personalidade das minhas meninas. Agora aprecio o senso de estilo único que cada uma delas demonstra ter. A roupa das minhas filhas não são um reflexo da minha habilidade como mãe. Também aprendi que o estilo evolui com a idade. A garotinha não vai ficar assim para sempre. Nem a adolescente.

Tudo bem porque sou único?

> Há tempos defini os códigos de vestimenta, como no caso de casamentos. E alguns dias eu pergunto: "Você se importa de combinar melhor sua roupa hoje?" Se elas respondem sim, e isso acontece, digo-lhes que, em geral, duas estampas diferentes não combinam e que uma peça sólida pareceria mais adequada. Às vezes, elas rejeitam; outras vezes, aceitam. De qualquer maneira, nunca mais me desculpei.
>
> Aprendi essas lições alguns anos atrás. Desde então, tenho encontrado outras áreas sorrateiras em que minhas palavras não correspondem à minha filosofia de vida. Decidi desfrutar o amor e a atitude que minhas meninas expressam por meio da moda (ou da falta dela). Uma de minhas filhas está perto de se tornar adolescente. Sei que isso pode tornar as coisas mais difíceis. Tudo bem. Acho que aprendi minha lição.[2]

---

2. Laura Wells, post no blog: "When You Care About Your Daughter's Appearance More Than You Want To" (Quando você se preocupa com a aparência de sua filha mais do que deseja), acessado em 11 de julho de 2013. www.pruningprincesses.com. Usado com permissão.

CAPÍTULO 6

QUEM *sou* EU?

No fundo do coração de cada pessoa está o desejo de descobrir a sua identidade. Esse desejo foi implantado em nós por Deus com o objetivo de nos atrair para mais perto do nosso criador. Uma vez que Deus nos fez à sua imagem e semelhança e com um propósito, quanto mais próximos dele, mais compreenderemos quem fomos criados para ser.

Os nomes das crianças são importantes, porque esses são os primeiros rótulos dados a elas. Se os seus filhos não sabem por que você escolheu os nomes deles, dê as suas razões, especialmente se você os nomeou por um motivo específico ou porque o nome tem algum significado especial. Jay, um amigo de Kathy, e sua esposa deram ao filho o nome de *Jamison*. Jamison estava presente quando ele disse a Kathy sobre a origem do nome e o quanto havia orado por um filho. E seu nome significa "Jay, meu filho". Embora Jamison já conhecesse a história, era nítida a alegria estampada em seu rosto enquanto Jay explicava tudo para Kathy. A ligação entre os dois, pai e filho, era bonita e muito forte.

Além dos nomes que recebemos de nossos pais, este mundo também está cheio de rótulos. Esses rótulos frequentemente confirmam ou confundem a compreensão a respeito da nossa própria identidade. Rótulos positivos mantêm o Vírus da Perfeição afastado enquanto aprendemos a nos ver como colaboradores neste mundo. Rótulos negativos podem contribuir para o Vírus da Perfeição em nossa vida quando eles parecem indicar que, de alguma maneira, "não estamos à altura de". Neste capítulo, vamos explorar como podemos ajudar os filhos a compreenderem quem são, se valendo dos rótulos positivos, e não dos rótulos negativos deste mundo.

A IDENTIDADE CONTROLA O COMPORTAMENTO

Kathy tem malhado na academia com a ajuda de uma *personal trainer* desde 2007. Num determinado dia, provavelmente enquanto ela lutava para lidar com o peso que lhe fora atribuído, sua treinadora, Linda, a incentivou, dizendo: "Vamos, poderosa! Você pode fazer isso!"

Isso se tornou uma referência, uma forma divertida e um estímulo para os treinos a partir de então. Quando Kathy se sente cansada e desanimada perto do fim de uma série, Linda lembra que ela é uma mulher poderosa. Às vezes, quando Kathy duvida de sua capacidade para realizar algum exercício, ela confiantemente proclama: "Eu sou uma mulher poderosa!" e, então, levanta os pesos. Obviamente, esses rótulos positivos podem nos ajudar.

O pastor e escritor Craig Groeschel conta a história de como ele conheceu Amy, uma estudante universitária que acabou se tornando sua esposa. Ele admirava as sacadas rápidas e a mente afiada de Amy e ficou surpreso quando ela se descreveu como uma aluna mediana. Amy explicou que sempre lhe disseram ser uma aluna mediana. Ela ganhou muitas notas B e algumas notas C. Depois de Craig conhecê-la melhor, ele lhe pediu que acreditasse: "Deus não a fez mediana. Há grandeza dentro de você. É hora de agir como tal."[1] Diante disso, ela começou o semestre seguinte como "Amy, a brilhante" em vez de "Amy, a mediana", e desde então a maioria das suas notas foi A. Ela recebeu notas A pelo resto de sua faculdade. O que mudou? Alguém acreditou nela e a ajudou a afirmar uma nova e positiva identidade. Ela recebeu um novo rótulo que a ajudou em vez de prejudicá-la ou feri-la.

Rótulos falam da nossa identidade para nós mesmos e para os outros. Eles podem ser verdadeiros e úteis ou falsos e limitadores. Às vezes, escolhemos rótulos para nós mesmos. Eles também podem ser atribuídos por aqueles que nos amam e apoiam, pessoas em quem podemos confiar, mas que estão sujeitas a errar na forma de sua análise, e também por pessoas em quem jamais deveríamos confiar. O mesmo se aplica aos filhos. Ensinar a nossas crianças a diferença entre essas categorias de pessoas pode ajudá-las a discernir a verdade.

Amy foi para a faculdade crendo num rótulo de identidade falsa, e isso a atrapalhou de ter um desempenho confiante. Veja como é essencial que os nossos filhos tenham visões verdadeiras e exatas de si mesmos. Isso pode ser uma das vantagens da lista de vinte declarações sobre "Quem sou eu", que recomendei no capítulo 3. Esse é um ótimo exercício para descobrir a maneira como os seus filhos veem a si mesmos. Você pode saber se suas crianças estão acreditando em mentiras ou se têm percepções de si mesmas que são imprecisas ou ultrapassadas. Se elas se sentem assim de alguma forma, você pode lhes perguntar de onde captaram essas ideias imprecisas sobre si mesmas. Pode ser que você descubra que o seu filho mais novo tem um professor extremamente negativo ou que a sua filha mais velha ainda guarde a lembrança de algo que você disse a ela há dois anos.

---

1. Craig Groeschel. *Ego no Altar: Transforme-se em quem Deus diz que você é*. São Paulo: Vida, 2014).

A IDENTIDADE DO MILAGRE

Conforme compartilhamos no capítulo anterior, a singularidade é uma coisa boa. Um rótulo que desejamos que toda criança (e adultos) acredite é: "Eu sou uma pessoa única e especial, um milagre que não se repete!" Mesmo um filho que tenha alguns rótulos em comum com outro, ainda assim é único. Filhos mais velhos podem até compartilhar alguns rótulos e características, mas não todos. Até as crianças que compartilham "Tenho epilepsia" como um rótulo são exclusivas e especiais. As diferenças as conectam a outros, mas também lhes permitem livremente descobrir sua melhor identidade, quando compreendem que são milagres especiais! "Eu sou uma pessoa única e especial, um milagre que não se repete!"

As crianças que acreditam que são milagres sentem-se de alguma forma mais fortalecidas. Elas entendem que o próprio Deus quis que viessem a existir. Elas não são um erro ou um acidente. Kathy ensina essa identidade a crianças de todas as idades, liberando-as para trabalhar com o passado e suas preocupações, ansiedades, pressões e até mesmo depressão. Isso aumenta a esperança delas a respeito do futuro. Ela as estimula a lembrarem-se de que são milagres sempre quando se sentem tentadas a questionar seu valor ou quando se perguntam se são algum tipo de erro.

Vocês podem se surpreender ao perceberem que ver a si mesmos como milagres também capacita os filhos que enfrentam dilemas médicos, permanentes ou temporários, como problemas de comportamento, autismo, diagnóstico de câncer, depressão ou ansiedade. Precisamos lembrar aos nossos filhos que eles são muito mais do que qualquer rótulo é capaz de descrever. Eles podem entender isso também quando falamos sobre quem eles são em suas variadas formas. Não devemos apresentá-los dizendo: "Este é aquele que tem essa ou aquela doença." Nossos filhos precisam saber que os conhecemos mais do que conhecemos a sua doença, qualquer que seja ela. Nós os vemos por inteiro, antes de ver apenas a enfermidade. Essa doença ou esse distúrbio é uma parte de sua milagrosa identidade. Não é um erro.

Na família Savage, recebemos todos os tipos de rótulos ao longo dos anos: mais velho, mais novo e filho do meio. Adotada. Ansioso. Pródigo. Inteligente. Pensador. Sensível. Introvertida. Extrovertido. Falador. Quieto. Intimista. Engraçado. Distraído. Difícil. Fácil. Rebelde. Obstinado. Esses rótulos tentam descrever os pontos fortes, bem como os pontos fracos e as lutas que os variados membros da nossa família têm. É certo, no entanto, que provavelmente não fomos tão bons em proteger a nossa família dos rótulos fáceis de atribuir, mas que tantas vezes mais prejudicam do que ajudam. Apenas mais recentemente é que tenho me sentido desconfortável com isso e estou procurando medir minhas palavras com mais cuidado. Talvez você também sinta culpa por isso. Nunca é tarde demais, porém, para mudar. Você pode começar a usar rótulos positivos a partir de hoje, não importa quantos anos seus filhos tenham!

Quando Kathy e os membros da sua equipe encontram adolescentes aos quais ensinaram anos atrás, os agora jovens muitas vezes sorriem espontaneamente e dizem: "Eu sou uma pessoa única e especial, um milagre que não se repete!" Em seguida, eles testemunham que se abstiveram de drogas e álcool, porque a vida deles é única e eles não querem destruí-la. O futuro é deles e de mais ninguém. Os sonhos, os objetivos, as ambições e as esperanças são deles e de mais ninguém. Eles estão vivos e não querem desvalorizar a decisão de Deus, que criou cada um deles de uma maneira especial. Obviamente, o rótulo de "milagre" pode salvar vidas.

RÓTULOS DO FAZER

Muitos rótulos são dados por causa do que os filhos fazem. Isso é compreensível e pode também ser positivo. Rótulos desse tipo incluem declarações como: "Eu sou um atleta." Muitas vezes, crianças incluirão um adjetivo descritivo como "um bom atleta". Na maioria dos casos, nós lhes damos esses adjetivos tanto em nossas conversas familiares quanto quando os apresentamos aos outros. Contudo, é importante ter atenção com os extremos quando se trata de "rotular", ou seja, que os rótulos estão intimamente associados com o que os nossos filhos fazem. De um lado, isso pode motivar; de outro, no entanto, pode gerar orgulho.

Por exemplo, "Eu sou um atleta de ponta" pode ser um rótulo positivo, pois motiva o menino a praticar e a ouvir atentamente os seus treinadores para que mantenha uma performance de excelência, mas ele pode prejudicar o trabalho em equipe caso o "atleta" se torne orgulhoso e se julgue melhor do que os outros.

"Eu sou uma cantora terrível" é, obviamente, um rótulo negativo para a sua filha, quando ela não está cantando bem. Você pode ajudá-la a realinhar seu pensamento dizendo coisas como: "Você pode não estar cantando bem agora, mas isso não faz de você uma cantora terrível. Todo mundo passa por dias ruins, e podemos usá-los para nos motivar a seguir praticando e trabalhando por uma habilidade específica." Sua frustração pode ser positiva caso dure um curto espaço de tempo que a motive a praticar e a trabalhar em uma determinada habilidade que está lhe faltando. Mas a declaração "Eu sou uma cantora terrível" será apenas negativa a ponto de fazê-la desistir de tentar. Também não será positiva se ela chegar a essa conclusão apenas comparando-se com as melhores cantoras de seu círculo de relacionamentos.

É bem melhor quando "criamos" identidades a partir de descrições específicas de comportamento em vez de afirmações generalizadas. Por exemplo, seria melhor para a sua filha saber: "Tenho que descobrir como fazer para minha respiração durar mais tempo. Sei que o meu regente está certo. Preciso praticar cantando as escalas." Ela estará identificando habilidades específicas para trabalhar de modo que não se sinta mais uma cantora "terrível". Seu filho que acredita ser um "escritor ruim" poderia melhorar se descrevesse seus objetivos específicos diante de seus pontos fracos: "Preciso me lembrar de reler meus textos para adicionar mais adjetivos e tornar a minha escrita mais rica." Dessa forma, seu rótulo passará a ser: "Estou trabalhando para melhorar a minha escrita."

Nem todos os bons atletas são do mesmo jeito. Quando seus filhos sabem o que os faz excepcionalmente bons, eles saberão também como podem ajudar uma equipe ou um jogador menos qualificado. Eles também saberão as coisas que não são capazes de listar como parte de suas habilidades e, da mesma forma, poderão trabalhar no aperfeiçoamento das suas fraquezas. Por exemplo, sua filha pode ser capaz de identificar seu próprio talento dessa forma: "Estou melhor na corrida este ano porque trabalhei mais a velocidade e o fortalecimento muscular durante todo o verão." Seu filho, jogador de futebol, pode afirmar: "Tenho jogado bem este ano porque estou olhando mais para a frente e, assim, consigo prever para onde os jogadores de defesa estão se deslocando." Identidade controla o comportamento.

Como a identidade controla o comportamento, você certamente desejará que seus filhos construam "identidades" para realizar atividades que eles valorizam e também para realizar as atividades que você quer que eles valorizem. Por exemplo, se eles tiverem a identidade de atletas, mas não uma identidade de "aprendizes", isso explicará por que eles não priorizam os estudos.

Considere como as nossas palavras são importantes. "Eu sou um aprendiz" é uma identidade mais saudável do que "Eu sou um estudante". Estudantes estudam. Aprendizes aprendem. A aprendizagem acontece o tempo todo e inclui áreas da vida que não são cobertas pelo aprendizado escolar. Pensar sobre si mesmo como um estudante pode ser um pouco limitador, mas o rótulo de "aprendiz" pode ser benéfico durante toda a nossa vida. Minha amiga Pam e o marido, Bill, fazem algo todo mês de agosto, antes do início das aulas do meio do ano, a fim de despertar o aprendiz e o líder que existem em seus filhos. Eles chamavam isso de conversa "aprendiz/líder". Nossas palavras importam.

Rótulos positivos ajudam nossos filhos a conhecer e a verbalizar seus pontos fortes.

Até hoje, eu me identifico como aprendiz. Uma das conferências que mais gosto de participar, além da Hearts at Home, que organizamos para mães, é a Willow Creek Leadership Summit. Faço anotações em todas as palestras e sempre saio mais bem equipada e incentivada como líder. Quando assisto às reuniões da conferência Hearts at Home (Sim, eu lidero, mas também assisto!), sempre sinto como se eu entendesse o casamento, a maternidade, o lar ou qualquer que seja o tema melhor do que antes de participar das palestras.

Que rótulos são importantes para você, de modo que você adoraria que seus filhos abraçassem? O que você está fazendo para que isso aconteça?

"Sou um leitor."

"Gosto de explorar e descobrir as coisas."

"Sou um artista."

"Toco piano."

"Gosto de exercício."

"Cuido bem dos meus animais de estimação."

"Sou voluntário como cuidador na casa da minha avó."

"Recolho dinheiro e brinquedos usados para o abrigo de crianças órfãs de nosso bairro."

Seja qual for o "rótulo" positivo que possamos ajudar nossos filhos a criarem para si mesmos, isso os ajudará a conhecer e a verbalizar seus pontos fortes. Esses rótulos também os ajudarão a compensar seus pontos fracos, que muitas vezes parecem falar mais alto em nossa mente. "Criar" rótulos positivos nos desperta para interesses, habilidades e pontos fortes que nos ajudam a ver como Deus está usando a nossa vida neste mundo.

RÓTULOS DO "SER"

As crianças naturalmente criam rótulos baseadas no que fazem, mas os rótulos do "ser" são ainda mais importantes. Nós somos, em primeiro lugar, seres humanos, e não ações humanas. Quem somos leva-nos a fazer o que fazemos.

Ouça e olhe para observar quem seus filhos estão sendo e, especificamente, afirme o que você vê:

"Você está sendo gentil com seu irmão."

"Você foi paciente enquanto esperamos. Obrigado."

"Você é compassivo. Fiquei feliz porque você foi ver se seu amigo estava bem."

"Você foi obediente esta manhã."

"Eu amo sua alegria!"

"Você é uma amiga leal. Gostei de ver como você se lembrou de conversar com a sua colega de classe, que é tão calada."

"Você é muito inteligente. Que ótima ideia!"

"Você é uma pessoa divertida para se ter por perto."

Esses rótulos que priorizam o "ser" são a construção do caráter dos seus filhos. Eles afirmam o que estão se tornando interiormente. Deus está muito mais interessado em quem somos do que no que fazemos. Quando compreendemos isso, podemos ajudar os nossos filhos a compreenderem também.

Quando conversar com seus filhos sobre a escola, além de perguntar "O que você aprendeu hoje?", pergunte "Quem era você na escola hoje?" A primeira vez que perguntar isso, seus filhos serão obrigados a olhar para você de uma forma engraçada, mas seu desejo é que eles comecem a pensar nesses termos. Eles foram os filhos bondosos e compassivos que você está lutando para que sejam ou foram indiferentes e egocêntricos? Nem sempre são as coisas explícitas no relatório escolar ou nos diários dos professores o que você mais precisa saber. Quando ajustamos as perguntas que fazemos, ajudamos nossos filhos a identificarem os pontos fortes de caráter e de personalidade dos quais queremos que eles sejam conscientes.

Quando você fizer uma afirmação bem sustentada, há maior chance dessas qualidades que você admira se tornarem identidades que formam a essência de seus filhos. Não abuse dessa fórmula. Use-a talvez para uma ou, no máximo, duas qualidades de "ser" que você mais deseja incutir neles. Lembre-se de que nem muito nem tão pouco, mas apenas o suficiente. Use, mas sem excessos, esse tipo de afirmação.

Ela se parece com algo do tipo:

1. "Você está _____." (Verbalize com uma qualidade positiva específica que tenha observado.)
2. "Eu sei porque _____." (Forneça a evidência com base no que já viu ou ouviu deles. Isso fará com que eles acreditem mais facilmente em você. "Porque" é uma das suas palavras poderosas. Isso força você a encontrar informações específicas para afirmar e fortalece a sua influência.)
3. "Estou contente porque _____." (A razão pela qual você está feliz porque seus filhos têm uma determinada qualidade pode motivá-los a mantê-la. Você está fornecendo um objetivo, um dos motivadores que conduzem à excelência.)

Aqui está um exemplo: "Você é generosa. Sei disso porque, quando a tia Gina disse que estava recolhendo alimentos para os necessitados, você usou seu dinheiro para comprar um pouco de mantimentos, quando fomos ao supermercado. Isso me deixou feliz, porque Deus nos chama para colocar os outros em primeiro lugar."

E mais uma: "Você tem autocontrole. Sei disso porque você poderia ter lamentado e reclamado e até mesmo provocado sua irmã enquanto esperávamos o papai terminar a reunião, mas não o fez. Você está crescendo e amadurecendo, e eu estou muito feliz! Autocontrole é importante para ser obediente, e você sabe que seu pai e eu queremos que você seja obediente."

O PODER DE UM PAI POSITIVO

Se você é um pai lendo este livro, esperamos que esteja apreciando o primeiro livro de Hearts at Home sobre criação de filhos escrito tanto para mães quanto para pais. As próximas duas seções são especialmente para você. Se você é uma mãe lendo este livro, os próximos dois capítulos podem ser especialmente úteis para compartilhar com o pai de seus filhos, porque a influência dele é de vital importância na vida do seu filho.

Quando os filhos se queixam da expectativa de perfeição que recebem em casa, ouvimos muito mais sobre isso vindo da parte do pai. De acordo com muitos filhos, os pais são, muitas vezes, aqueles que olham para trabalhos escolares e suas performances atléticas e artísticas e dizem: "Você pode fazer melhor." Eles falam coisas que chegam a sugerir que não estão satisfeitos. Isso faz com que os filhos concluam: "Nunca consigo satisfazer o meu pai." Essa é uma identidade prejudicial para os nossos filhos que devemos evitar de todas as formas possíveis. Pai e mãe precisam optar por serem positivos quando falam com seus filhos.

É uma escolha. Há sempre algo que os filhos podem fazer melhor, mais rápido, mais limpo ou mais silenciosamente. Como pais, nós precisamos sempre pensar antes de falar, considerando se o "problema" precisa ser apontado. Precisamos deixar algumas coisas acontecerem naturalmente. Nem toda montanha é uma montanha pela qual vale a pena se arriscar a morrer. Lembre-se, o objetivo é o progresso, não a perfeição. Nós acabaremos com o Vírus da Perfeição na educação de nossos filhos quando aprendermos a abordar as coisas que realmente são importantes na vida.

Quando as questões surgem com os meus filhos e as emoções se elevam, às vezes eu paro e me pergunto: "O que será que esse assunto vai representar para nós em dez anos?" Entendo que se a resposta for significativa, então preciso lutar por ela, mas se a resposta for inconsistente, devo ceder. Às vezes, mãe e pai fazem tempestades em um copo d'água. Nós causamos conflitos que simplesmente não precisam acontecer.

O tempo também é um fator importante para a comunicação. Quando eu ainda era uma dona de casa, houve ocasiões em que estava em sintonia com as emoções e as lutas com que nossos filhos tinham que lidar ao longo do dia. Mark chegaria em casa do trabalho e, por vezes, faria comentários sem levar em consideração o contexto da situação. Muitas vezes isso causou conflitos conjugais que poderiam ter sido evitados. Eventualmente, aprendemos a conversar quando Mark estava dirigindo para casa, voltando do trabalho. Isso me permitiu ambientá-lo na atmosfera do que ocorria em casa, as emoções das crianças, que o caçula já tinha tido problemas suficientes nas últimas horas e onde ele precisava ser sensível. Dessa forma, quando ele chegava em casa e via que as latas de lixo não tinham sido recolhidas para o lugar apropriado na calçada, ele não brigava com uma criança que já estava tendo um dia difícil. Claro, corrigir as crianças era necessário, mas isso deveria acontecer no momento certo, levando em conta o contexto do que já se passava em casa ao longo do dia, antes de sua chegada.

Pais, quando for o momento de falar com os filhos sobre problemas, façam de uma forma otimista e positiva para que eles saibam que você acredita neles e em sua capacidade de melhorar. Isso inclui destacar e apontar também as coisas que correram bem, mesmo quando você está descontente sobre uma parte do que eles não fizeram bem. (Discutiremos ainda mais esse conceito nos próximos dois capítulos, quando olharmos para as falhas na tentativa de ajudar os nossos filhos a mudar.) Quando você precisar falar sobre problemas ou fraquezas, deixe claro, sem sombra de dúvidas, que você acredita em seus filhos e na capacidade deles de melhorar.

VOCÊ É LINDA

Meninas precisam de seus pais para afirmar a sua beleza. Se os pais não o fizerem, elas buscarão um homem que faça. Muitas vezes, elas sentirão a necessidade de mais de uma figura masculina para preencher o espaço não ocupado por seu pai. Relacionamentos disfuncionais criam meninas emocionalmente desequilibradas. Uma das certezas mais importantes para as meninas é esta: "Meu pai me acha linda." Isso é poderoso. As meninas podem ser graciosas ou fofinhas quando são pequenas, mas conforme crescem, elas necessitam da afirmação de que são bonitas. A declaração de um pai reconhecendo a beleza de sua filha é poderosa.

Pais não devem exagerar ao elogiar sobre a aparência exterior das filhas. Conhecemos alguns homens que entram na igreja exibindo suas lindas meninas, como se fossem troféus. Uma filha jamais deve pensar: "Meu pai me usa para chamar a atenção para si mesmo." A beleza é dela. Não sua.

Pais podem comentar sobre o cabelo de sua filha, a pele, as joias, as roupas e muito mais. Fazer elogios quando elas arrumam o guarda-roupa, cuidam do cabelo ou capricham na maquiagem é importante para que ela cultive esses hábitos regularmente. Esse é um bom caminho para os pais demonstrarem orgulho de suas meninas e apreço.

- "O comprimento de sua saia está ótimo. Estou orgulhoso de sua decisão sábia. Ele mostra que você não se importa apenas com você mesma, mas que procura ser respeitosa, pensando sobre o que sua mãe e eu queremos para você, e não o que a moda diz ser o certo. Isso é maravilhoso!"
- "Estou orgulhoso de você por não usar tanta maquiagem. Você não precisa de mais do que isso para ficar bela. Você é linda do jeito que é. Sei que você gosta de maquiagem, por isso estou feliz por você apenas acentuar seus traços naturais, a beleza dada por Deus."
- "Querida, gosto daquele seu short quadriculado. Você também gosta, não é? Você é linda por dentro e por fora."

É realmente útil quando os pais são conscientes das preocupações e inseguranças de sua filha. Quando sabem o que faz com que suas filhas fiquem tensas, eles podem falar algo especial para essas situações. Se uma filha pensa que é desajeitada, o pai pode dizer: "Sua saia combina com o seu estilo." Se uma filha se preocupa com o seu gosto em termos de roupas e está vestindo algo novo, o pai pode dizer algo que a encoraje, como: "Esse tom de azul lembra o azul dos seus olhos. Ótima escolha!" Ou: "Esse colar é muito elegante. Gostei dele em você."

Essas observações e esses comentários são naturais para a maioria dos pais? É provável que não. Essa é, no entanto, uma área onde mães e pais podem trabalhar juntos, porque os pais precisam fazer tais afirmações que, na maioria das vezes, não acontecem facilmente. Diversas vezes, ao longo dos anos, eu sussurrei coisas no ouvido do meu marido, como: "Erica acabou de cortar o cabelo. Fale algo para que ela veja que você reparou." Ou: "Anne tirou o aparelho dos dentes hoje. Seria importante um comentário seu, elogiando o sorriso dela." Claro que o pai não é o único que precisa desses lembretes. Houve ocasiões em que Mark sussurrou em meu ouvido também. "Eu soube que Austin brigou com a namorada hoje. Ele é um cara temperamental. Dê uma atenção especial a ele hoje." Em todos os aspectos da paternidade, o que vemos é uma escolha. O que ouvimos é uma escolha. O que dizemos é uma escolha. O que fazemos é uma escolha. É preciso algum esforço extra para fazer observações e comentários afirmativos aos nossos filhos, mas solidificar a identidade deles é algo pelo qual vale a pena todo o esforço.

É preciso algum esforço extra para fazer observações e comentários afirmativos aos nossos filhos, mas solidificar a identidade deles é algo pelo qual vale a pena todo o esforço.

Se o pai de sua filha não está envolvido na vida dela, nós a encorajamos a pedir a um homem importante que a encoraje como temos descrito. Esses comentários podem vir de um avô, de um tio, de um amigo da família que seja da mesma igreja ou do pai de uma das melhores amigas da sua filha. Às vezes, temos de advogar em favor de nossas filhas e ajudá-las a preencher as lacunas que existem na vida delas.

Claro, os pais também devem dizer às suas filhas que elas são bonitas. Mas a beleza física não pode ser o único rótulo que eles dão a elas. Na sequência de "Você é linda", se utilize de outras afirmações que garantam que sua filha tenha rótulos positivos para cada aspecto da sua identidade.

- "Notei que está ficando mais fácil para você se lembrar da ortografia de algumas palavras e de problemas matemáticos. Estou orgulhoso disso. Sua memória está melhorando." (intelectual)
- "Aprecio a sua capacidade de manter-se calma mesmo quando as pessoas ao seu redor estão tensas. Você mantém a tranquilidade mesmo quando as coisas ficam complicadas." (emocional)
- "Seu senso de humor favorece a qualidade de suas amizades. Gosto de ouvir vocês brincarem na sala." (social)
- "Notei que você se concentra e toma notas durante a mensagem de domingo. Sinto-me feliz pelo seu interesse por Deus e pela sua verdade." (espiritual)

Nossas palavras – tanto as positivas quanto as negativas – causam grande impacto sobre os nossos filhos. É importante que mantenhamos o negativo ao mínimo e que sejamos específicos em relação ao que é positivo. Se assim fizermos, vamos fortalecer nossos filhos em suas identidades e os ajudaremos a manterem-se firmes no que Deus os criou para ser.

APLIQUE OS ANTÍDOTOS

À medida que as crianças descobrem quem são e se identificam tanto com os rótulos positivos quanto com os negativos, a nossa interação com elas as ajudará a resistir ao Vírus da Perfeição. Ao seu relacionar com seus filhos...

Tenha compaixão

Não é fácil descobrir quem somos e quem não somos. É especialmente difícil processar os rótulos negativos deste mundo. Quando seus filhos expressarem alguma preocupação sobre si mesmos, ouça e responda-lhes com empatia antes de tentar ajudá-los a ver o lado positivo das coisas. O velho ditado "As pessoas não se importam com o quanto você sabe, até que elas saibam o quanto você se importa" aplica-se a filhos também.

Seja sensível

Quando o assunto é criação de filhos, às vezes as pequenas coisas podem realmente ser grandes coisas. Se os seus filhos minimizam algo que causou confusão ou dor, esteja atento para a temperatura emocional deles. Peça a Deus que aumente a sua capacidade de perceber o que, de fato, está acontecendo.

Seja acolhedor

Mesmo que seja fácil colocar um rótulo negativo sobre os seus filhos (especialmente aqueles que se enquadram nas extremidades do *muito fácil* ou *muito difícil*), tente resistir à tentação. Se um rótulo negativo surgir repentinamente, derrube-o com vários pontos positivos que permitam seus filhos saberem que você os aceita e procure vê-los para além dos rótulos. Aceite suas diferenças, seus desafios e mesmo as lutas que você tem com eles como uma parte normal do trabalho de ser pai ou mãe.

Seja amável

Nem sempre você diz a seus filhos, com a frequência que gostaria, que os ama. Seja afetuoso e generoso com o amor que você demonstra a eles. Em seus primeiros anos, você nunca pode abraçar, apertar, beijar na bochecha ou segurar demais suas mãos. E à medida que vão ficando mais velhos, expressões de carinho vão se tornando cada vez mais raras no cotidiano. Seja intencional demonstrando amor fisicamente, colocando sua mão no ombro de seu filho ou dando-lhe um abraço apertado. Seja intencional ao dizer "Eu te amo" sempre que puder. Nem sempre você diz a seus filhos, com a frequência que gostaria, que você os ama.

QUEM SOU EU?

Às vezes os filhos se sentem insignificantes e invisíveis, porque não sabem como são únicos e apreciados de uma forma singular. Você sempre apresenta seus filhos como um grupo "Estes são meus filhos?" Se faz assim, seria ideal que, ao apresentá-los, você começasse a separá-los pelo nome e acrescentasse adjetivos quando for apropriado. Pode ser mais do que "Este é meu filho mais velho". Pode ser "Este é Jack, o meu atleta". Reflita sobre como eles são únicos nas diferentes categorias que relacionamos anteriormente: intelectual, emocional, social, física e espiritual. Quanto mais eles ouvem você chamá-los de uma forma única, definida, com suas características positivas, mais começarão a se definir positivamente também!

A história de Christy

Meu filho mais velho nunca foi bem na escola. Não que ele não fosse inteligente. Na verdade a escola o aborrecia e o convívio social era demais para ele lidar. Ele deveria ter terminado o ensino médio, mas decidiu que não queria estudar por muitos anos. Então, o menino maravilhoso, doce e inteligente não estava ainda no último ano, conforme sugeria a sua idade, e teria de começar outro ano na escola como um estudante iniciante do ensino médio. Não querendo humilhar ainda mais a si mesmo, ele decidiu que não voltaria para a escola e resolveu, então, fazer um supletivo.

Durante seu período de formação, eu ficava com raiva e mágoa. Meus amigos com filhos da mesma idade me falavam sobre quão orgulhosos estavam de seus filhos que obtinham um conceito A, graduando-se entre os dez melhores de sua classe etc. Eu tinha todos esses planos maravilhosos para ele, sonhava em vê-lo tirando boas notas, indo para a festa de formatura (que ele realmente fez), graduando-se orgulhosamente e recebendo seu diploma a caminho de uma faculdade de primeira linha. Eu me sentia devastada porque meus planos haviam desmoronado. Então, percebi que aquilo era apenas *as minhas* esperanças e os *meus* sonhos.

Ele tem dezoito anos agora e está tomando essas decisões sobre seu futuro há vários anos. Ele é um grande aluno e pode lhe dizer qualquer coisa que você queira saber sobre o *Titanic*. Ele sempre foi capaz de ter conversas maduras com os outros, mesmo quando ainda era uma criança. Nós lhe dissemos várias vezes que se não fizesse as tarefas, ele não se formaria com os outros. E esse foi o caminho que ele escolheu.

Queríamos que ele fosse melhor do que nós também. Por alguma razão, ele escolheu fazer as coisas da maneira mais difícil. E então o entendemos. Apesar de termos ido bem na escola, diferente dele, no fundo ele é como eu e meu marido. Nós dois tomamos decisões erradas, especialmente durante nossa juventude.

Quando nosso filho disse que se sentiu um fracassado, nós lhe dissemos que não ir bem na escola não fazia dele um fracassado na vida. Ele só tem dezoito anos! Ele é um jovem gentil, atencioso, carinhoso, amoroso, doce e compassivo, e eu não creio que você possa realmente "ensinar" isso a alguém. Ele não é perfeito, mas nós também não somos. Acho que é importante nos lembrar de que temos de confiar que Deus irá moldá-lo, até torná-lo quem ele o criou para ser, e não em quem nós queremos que ele seja. Essas são realmente lições difíceis para um pai e uma mãe![2]

---

2. Christy Hammer. Usado com permissão.

CAPÍTULO 7

SOU UM *fracasso*?

Se formos honestos, provavelmente teremos de admitir que algumas das perguntas feitas por nossos filhos são as mesmas que nós, até hoje, estamos fazendo. "Sou um fracasso?" é uma daquelas perguntas que fazemos ocasionalmente. É uma questão central de identidade que todos nós enfrentamos.

Em uma cultura contaminada pelo Vírus da Perfeição, essa questão tem um peso ainda maior. *Se não sou perfeito, então só posso ser um fracasso*, alguém poderia facilmente concluir se apenas olhasse para os extremos. No entanto, os extremos não são exatamente onde a vida real acontece. O meio-termo da graça é onde temos de plantar nossa vida e a vida dos nossos filhos. Afinal de contas, progredir é o nosso objetivo. E isso não significa ser perfeito, mas ser aperfeiçoado pelo Deus que tem um plano perfeito para nossa vida.

TROQUE O ADJETIVO POR UM VERBO

Quem já teve a oportunidade de usar um torno de oleiro sabe que a massa inicial de argila fica completamente diferente depois que você mexe, empurra, corta, molda, espreme, umedece e dá forma a ela. O vaso de argila no qual você trabalhou incansavelmente passou por um processo para, então, se transformar em alguma coisa utilizável. Nós também somos como a argila em um torno de oleiro. Na verdade, a Bíblia nos lembra: "Contudo, SENHOR, tu és o nosso Pai. Nós somos o barro; tu és o oleiro. Todos nós somos obra das tuas mãos" (Isaías 64.8). Essa verdade se aplica a nós, e definitivamente se aplica também a nossos filhos.

Nossos filhos ainda estão em pleno processo, e quanto mais frequentemente nos lembramos disso, mais graça e amor vamos ter para com eles ao longo do caminho. Assim como quando aprenderam a andar, eles irão tropeçar, topar, cair, ficar para trás e tentar mais uma vez. Eles vão aprender, esquecer, sentir medo, encontrar coragem e assumir riscos no processo de "tornar-se" alguém. Eles não serão perfeitos, mas estão sendo aperfeiçoados.

Quando o adjetivo *perfeito* é substituído pelo verbo *aperfeiçoar*, há mais do que apenas uma mudança de ênfase, há também uma mudança de definição. O adjetivo "perfeito" significa ideal ou sem falhas. No entanto, o verbo "aperfeiçoar" significa "melhorar".[1] Um oleiro que está dando forma à argila em uma vasilha está "melhorando" a argila de modo que ela possa ser utilizada de alguma forma. Talvez seja um jarro, uma tigela ou um vaso. Deus está "melhorando" cada um de nós todos os dias para podermos ser utilizados de alguma forma também. Lembre-se dessa verdade quando seus filhos cometerem erros, e isso vai ajudá-los a saber que estão sendo aperfeiçoados, mas que eles não são, de modo algum, um erro ou um fracasso.

É SEGURO COMETER UM ERRO EM SUA CASA?

Um dos meus palestrantes favoritos nos eventos da Hearts at Home é o Dr. Kevin Leman. Ele é o tipo de pessoa que fala o que pensa. Durante uma de

---

1. Dictionary.Reference.com.

suas palestras, ele estava falando sobre a realidade de conviver com os erros de nossos filhos. Dr. Leman disse: "Quando seu filho derrama uma bebida, ele não precisa de um sermão, apenas de um pano." Eu amo essa declaração simples, porque me lembra, de uma forma suave, que devo ficar calma e ser prática, mesmo no meio do caos de ter filhos em casa.

Veja este caso: algo semelhante aconteceu na minha casa enquanto eu escrevia este capítulo. Eu estava limpando a mesa da sala de jantar depois de uma refeição quando descobri uma grande quantidade de tinta roxa em um assento e falei:

– Oh, meu Deus, o que é isso?

Mark achou que parecia tinta de um marcador de textos.

Eu disse:

– Sim, é verdade, mas quem usaria um marcador de textos roxo aqui?

Neste momento, o meu filho de dezesseis anos de idade (DEZESSEIS ANOS !!!) disse:

– Bem, eu me sentei aí enquanto fazia o cartão de aniversário do meu pai. E acho que o marcador vazou através do papel. Sinto muito, mãe.

Entreguei ao menino um removedor de manchas, que infelizmente não removeu a mancha. Todos nós rimos e dissemos:

– Bem, vamos deixar que o tempo faça o seu trabalho.

Confesso que nem sempre foi assim *tão fácil* alguém poder cometer um erro em nossa casa. Passei a compreender a importância da graça nos últimos anos. Se eu puder ajudar você e seus filhos a serem poupados de qualquer dor, deixe-me encorajá-la a aprender a retribuir graça no lugar de raiva, o mais rápido que puder. Não construa uma montanha a partir de um simples montinho de areia. Resista ao impulso de deixar suas emoções estragarem uma situação tão simples. Exiba autocontrole e responda com algo como: "Está tudo bem. Todos nós cometemos erros." E se suas emoções não se controlarem na ocasião, não demore para reconsiderar, dizendo: "Estou muito triste por ter perdido o controle naquela hora. Será que você poderia me perdoar?"

Se todos nós estamos no processo, todos cometeremos erros. Se todos nós erramos, todos teremos alguns sentimentos de fracasso. No entanto, se vivemos em um ambiente onde é seguro e permitido cometer erros, estamos muito menos propensos a concluir que, cometendo erros, somos um fracasso. Progredir é diferente de ser perfeito. Errar não é o mesmo que ser fracassado.

ACEITE A SI MESMO E O SEU PASSADO

Antes de aprofundarmos a questão do "Sou um fracasso?", que atormenta os filhos, vamos parar um instante e refletir como a nossa própria educação afeta a forma como vivemos e que tipo de pais temos sido para nossos filhos atualmente. Se fomos bem-educados ou não pelos nossos pais, é comum reproduzirmos algumas de nossas experiências da infância em nossos lares, quando adultos. Às vezes, fazemos isso intencionalmente, e outras vezes isso simplesmente acontece, de maneira natural.

Mark e eu gostamos de pensar os primeiros dezoito anos de nossa vida, quando ainda éramos jovens e vivíamos com nossos pais, como nosso "estágio". Foi lá que aprendemos sobre comunicação, conflito, Deus, trabalho, responsabilidade, raiva, graça, relacionamentos e muito mais. Quando casamos e avaliamos nossos estágios, ainda na casa de nossos pais, descobrimos que, para algumas áreas da nossa vida conjugal, nossos estágios nos serviram bem. Em outras áreas, no entanto, entendemos que precisávamos realizar um novo estágio, de alguma forma. Por exemplo, no estágio da casa de Mark, ele desenvolveu uma forte ética de trabalho, que tem sido uma grande bênção para a nossa vida juntos. Mas no tempo de estágio na casa dele, o conflito era tratado primeiramente com raiva. Por causa disso, ele descobriu que precisava fazer um novo estágio específico para a resolução de conflitos em nosso lar. Também descobri que eu precisava de um novo estágio na resolução de conflitos, já que o meu estágio na casa dos meus pais me levou a sempre "varrer os conflitos para debaixo do tapete" em vez de lidar com eles de uma forma saudável. Nosso novo estágio consistia em ler livros sobre resolução de conflitos de uma forma saudável, ter encontros regulares com um conselheiro cristão e pedir ajuda e compreensão dos amigos enquanto passávamos por esse novo estágio.

Nenhum de nós foi criado de maneira perfeita, mas na maioria dos casos os nossos pais fizeram o melhor que poderiam, considerando quem eles eram e o que sabiam acerca da vida, das emoções, dos relacionamentos etc. A maioria dos pais não é intencionalmente ruim. Portanto, é importante olhar para trás para ver se há algo que precisamos perdoar de nossos pais ou de nós mesmos, é uma atitude sábia. Compreender o que carregamos conosco até aqui também é muito útil. Mais importante ainda é entender que olhar para trás somente para julgar não faz bem a ninguém.

Se seus pais eram pessoas perfeccionistas, pode ser que você seja exageradamente exigente consigo mesma, porque deseja ser perfeita, em muitos aspectos, incluindo na educação de seus filhos e na edificação do seu lar. Você também pode transmitir o Vírus da Perfeição para os seus filhos. Ao ler o capítulo 2, se você respondeu sim a muitas das perguntas sobre os efeitos negativos de perfeccionismo, isso explica por que você está mais provavelmente desafiada a lidar com os erros de seus filhos consistentemente bem. Você pode pensar em si mesma como uma fracassada (você não é), e seus filhos podem pensar que eles são fracassados (eles não são). Isso não significa que você não possa crescer, e isso não quer dizer que seus filhos não possam ficar bem. Preste contas disso com pessoas de confiança que possam ajudá-la a quebrar esses maus hábitos.

A maioria dos pais não é intencionalmente ruim.

Honestamente, para diminuir a sua influência negativa, pode ser necessário você ser muito intencional sobre a criação de um ambiente seguro para assimilar e lidar com os erros. Há muito o que você pode ler para seu discernimento nessa área, começando pela Bíblia. Alguns pais acham que um aconselhamento ou uma terapia ajudam tremendamente. Prestar contas a pessoas em que você confia sobre as mudanças que quer fazer pode ajudá-la a quebrar hábitos ruins. Orar em busca de orientação e força é poderoso. Somente a nossa própria vontade de agir diferente de nossos pais, de alguma forma, já nos leva mais longe. Às vezes, temos de levar a sério a necessidade de novos estágios que precisamos realizar para prosseguir na vida. Isso não beneficia somente você de maneira individual, mas pode impactar positivamente sua família para as gerações vindouras.

POR QUE OS FILHOS COMETEM ERROS?

Sabemos que os nossos filhos não são fracassados. Eles podem falhar em um teste aqui ou outro ali, não vencer um torneio, não receber um aumento durante o seu primeiro emprego, mas nada disso os torna fracassados. Eles vão cometer erros, acredite. Eles são humanos!

Para melhor ajudar os nossos filhos a superarem seus erros e não se sentirem incapazes, precisamos saber por que eles fazem dessa forma. Precisamos ouvir e observar atentamente as causas para, assim, sabermos como apoiá-los. Vamos explorar oito razões pelas quais os filhos cometem erros.

1. Eles precisam de mais experiência.

Quando os filhos se queixam de que a escola é difícil, lembre-lhes de que, se fosse fácil, não precisariam ir. A escola, bem como muitas coisas na vida, nos desafia a tentar aprender coisas novas. Devemos deixar que nossos filhos saibam que não são estúpidos por cometerem erros. Se acreditarem nisso por muito tempo, eles não só vão deixar de tentar como também vão parar de sonhar e de acreditar em seu futuro. Os erros fazem parte da vida, e muitas vezes eles surgem quando precisamos de mais experiência.

2. Eles precisam ser ensinados a fim de serem bem-sucedidos.

Os erros podem ocorrer quando o conteúdo e as tarefas são novos e o aprendizado ainda não ocorreu. Os filhos podem gostar de tentar coisas novas por conta própria, mas, em seguida, podem ficar muito frustrados quando sua abordagem independente não resultar no que esperavam. Isso é comum quando os filhos mais jovens tentam fazer o que seus irmãos mais velhos fazem com alguma facilidade. Proteja a autoestima deles quando você perceber que a reação pela qual eles fizeram algo errado foi simplesmente porque precisavam de ajuda ou de mais instruções.

3. Eles precisam de mais tempo para aprender alguma coisa.

Os erros ocorrem também quando os filhos não aprenderam algo bem o suficiente, apesar do processo de aprendizado já ter começado. Esses erros são parte da aprendizagem. Eles acontecem, e não é culpa de ninguém. Não quer dizer que o seu filho escolha intencionalmente estar errado. Também não quer dizer que o adulto que lhes ensinou explicou mal as coisas. Não assuma tão rapidamente a culpa quando seus filhos errarem. Isso não é saudável para você nem para eles. Filhos aprendem fazendo e experimentando – e também errando.

Somos todos da mesma maneira. Como você aprendeu a dirigir? Ao dirigir imperfeitamente por um tempo. Como você decidiu qual molho prefere fazer para acompanhar um prato especial? Cozinhando um e depois outro. Você cometeu um erro? Não. Foi uma experiência do tipo "aprender fazendo", não uma "errando fazendo". A linguagem que usamos para discutir assuntos relativos a erros inclui o que dizemos aos nossos filhos e aquilo que dizemos dentro de nós mesmos quando pensamos sobre eles.

4. Eles precisam de uma motivação saudável para fazer bem as coisas.

Às vezes, os filhos cometem erros porque não querem sofrer uma pressão adicional por causa da busca pela excelência. Talvez a professora do seu filho chame você para conversar porque ele sempre foi atento e correto, mas pode ser que atualmente seu filho queira dar uma pausa nisso tudo. Pode ser que os colegas de sua filha a tenham provocado por ser uma "queridinha do professor". Talvez o seu filho mais velho sinta como se tudo estivesse sobre seus ombros. Essa motivação não é saudável e gera muita pressão sobre qualquer criança.

5. Eles precisam da nossa compreensão e atenção.
Os filhos ocasionalmente irão falhar em alguma coisa ou até errar intencionalmente apenas para testar nossos limites. Vamos entender o seguinte: eles já são bem inteligentes, mesmo que em uma idade tão jovem, e aprendem cedo o poder da manipulação. Às vezes, eles descarregam sua raiva contra nós por não conseguirem fazer bem algo que sabem que é importante para nós. Nesses casos, responder com sabedoria é importante. Quando for a hora certa, e dependendo da idade deles, deixe claro que você entende que estão irritados ou frustrados. Mas também ajude seus filhos a verem quando estão tomando decisões insensatas e se mostre disponível para ouvir sobre os sentimentos deles.

6. Eles precisam de mais disciplina e orientações relacionadas a caráter e a obediência.
Algumas vezes, os erros são uma questão de caráter. Filhos podem apressar uma tarefa ou responsabilidade que receberam para que possam voltar rapidamente aos seus videogames. Eles podem optar por não verificar novamente seu trabalho porque o orgulho está presente e eles estão convencidos de que não cometeram quaisquer erros. Eles podem se tornar impacientes consigo mesmos ou com outra pessoa e simplesmente desistirem de suas tarefas e atribuições. Como pais, precisamos discernir se nossos filhos estão cometendo erros ocasionais ou se desenvolveram falhas consistentes de caráter que precisam ser abordadas.

7. Eles precisam se respeitar, ter autocontrole e respeitar os outros.

Às vezes, alguns pontos fortes de nossos filhos os colocam em apuros. Muito de uma coisa boa pode não ser uma boa coisa! Por exemplo, os filhos que lidam bem com as palavras podem falar excessivamente. Filhos que usam melhor a lógica com uma curiosidade acrescida podem fazer perguntas para mantê-la distraída e estender o tempo de sono no quarto. Filhos dotados de inteligência visual podem preparar, de uma forma especial, um relatório que você deixou sobre a mesa, e os filhos com fortes aptidões musicais podem produzir sons com os dedos ou com um lápis até que você não possa lidar mais com isso. Não queremos paralisar as suas forças por uma reação exagerada e sendo extremamente críticos, mas precisamos ensinar os conceitos de autocontrole e respeito aos outros.

8. Eles precisam de sono, alimentação e estabilidade emocional.

Algumas vezes você tem um desempenho inferior ou toma decisões equivocadas quando seu corpo está cansado, quando sente fome ou quando está emocionalmente vulnerável? Com nossos filhos acontece a mesma coisa. Você precisa saber que a sua filha deve começar a sua lição de casa apenas depois de tomar um lanche. Seu filho pode não estar lidando bem com o longo dia escolar e pode precisar ir para a cama meia hora mais cedo do que se pensava inicialmente. Para manter os padrões, você pode guardar um registro escrito do mau comportamento dele usando um caderno ou bloco de notas – quem sabe uma boa e velha agenda? Depois de registrar alguns dias quando os erros e o mau comportamento ocorreram, quem estava presente, se isso aconteceu perto do horário das refeições ou se eles estavam cansados, muitas vezes será capaz de identificar possíveis estratégias para diminuir esse comportamento.

Não é um problema se, no meio do erro, você não verbalizar ao seu filho que ele está falhando. Procure oportunidades estratégicas quando os filhos terão a garantia de que cometer erros é uma das formas como as pessoas aprendem. Você pode até não ficar feliz com as escolhas deles, e a disciplina pode até ser necessária, mas também deixe claro que eles não são estúpidos. Deixar claro para nossos filhos que, apesar de cometerem erros, eles não são erros é sempre importante. É provavelmente mais importante comunicar isso quando estamos frustrados. Isso os tranquiliza, mesmo nos momentos difíceis da vida.

COMO PODEMOS INCENTIVAR NOSSOS FILHOS?

Criar uma cultura de encorajamento em nossos lares é essencial. Quando agimos assim com nossos filhos verdadeiramente lhes damos coragem. É poderoso, libertador e fortalecedor. Quando o incentivo é a norma, os filhos entendem que podem correr riscos, experimentar coisas novas, pedir ajuda e cometer erros sem ter medo de perder a aceitação, o amor e o apoio de seus pais.

O incentivo irá capacitar, libertar e fortalecer você também. Isso é o que ajudará os pais a serem compassivos e consistentes. A coragem vai permitir que você ame seus filhos, mesmo nos dias em que eles o decepcionarem. A coragem também lhe dará a força para decepcioná-los com as medidas e consequências que suas escolhas fizeram necessárias.

Tenho certeza de que você quer essa cultura encorajadora em sua casa, mas também sei que nem sempre isso é fácil. Nós nos sentimos mal quando vemos nossos pontos fracos refletidos em nossos filhos, gritamos quando sabemos não ser o melhor e não temos a energia para lavar roupa pelo quarto dia de uma cansativa sequência. Então nossa filha derrama o leite, nosso filho vem todo sujo do quintal e eles brigam um com o outro durante toda a noite.

A vida não é fácil. A fadiga é normal. Frustração também é. Aprender a não agir grosseiramente quando nos frustramos é um caminho difícil que exige determinação e boa vontade. Há, no entanto, passos que podemos tomar para aumentar o encorajamento em nossa casa. Escolha um ou dois destes onze incentivos listados a seguir para focar nas próximas semanas:

Sou um fracasso?

1. *Não espere perfeição.* Quando esperamos a perfeição, notamos cada pequena falha, e isso cria um ambiente de desânimo.
2. *Incentive o esperado comportamento infantil.* Há uma diferença entre comportamento infantil e comportamento infantil adequado à idade. Desencoraje o primeiro e incentive o segundo.
3. *Valorize o que seus filhos aprendem.* Precisamos dar igual atenção ao que está sendo aprendido, tanto às etapas sendo vencidas na escola quanto às performances em jogos e concertos musicais. Essa é uma forma interessante de comunicar aos filhos que eles são mais do que aquilo que fazem.
4. *Seja otimista.* Devemos escolher o otimismo tanto ao ajudar no estudo dos filhos e em suas práticas esportivas quanto perguntando sobre o seu dia. Como todos os outros aspectos da paternidade, o otimismo é uma escolha. Isso não significa que esperamos apenas a perfeição. O otimismo está tornando a visão mais esperançosa ou alegre e espera os melhores resultados.
5. *Resista à tentação de julgar todas as performances.* Mesmo que nossos filhos esperem ser criticados, não julgue ou avalie tudo o tempo todo. Nosso comportamento permanente diante deles, os professores e treinadores, os jogos dos quais eles participam e programas de televisão com competições já ensinam aos nossos filhos a esperar que alguém lhes diga como eles fizeram algo. Uma maneira de enfatizar a aprendizagem, em vez do desempenho, é não perguntar sempre sobre suas pontuações ou notas.
6. *Pergunte como se sentem.* Ao falar sobre um dos seus concursos, competições, apresentações musicais ou testes, pergunte primeiro pelo grau de satisfação que eles sentiram com o resultado obtido. Se eles ganharam 9,5 quando queriam 10, o nosso elogio será inútil. Se eles ganham 8,3 e somos gratos porque a pontuação não está ruim, já que o teste foi mais difícil do que o

esperado, nosso desagrado irá desencorajá-los. Conversas francas e abertas sobre as matérias, apresentações e competições serão mais produtíveis do que julgamentos unilaterais.

7. *Destaque seus pontos fortes.* Elogie o caráter, as atitudes e os pontos fortes deles; dessa forma, eles vão usá-los para compensar as fraquezas e ajudá-los quando lutarem para alcançar progressos em seus pontos fracos.

8. *Não se preocupe com os desafios deles.* Compreenda que algumas áreas permanecerão como desafios permanentes dos nossos filhos, não importa quão esforçadamente eles tentem. Resista à tentação de se preocupar, reconheça que você também tem pontos fracos que não o derrotaram, mesmo quando seus pais, provavelmente, acreditavam que era exatamente o que iria acontecer. Tentar fazer com que os filhos mudem algo que eles não podem melhorar é um caminho certo para desencorajá-los. Quando necessário, é preciso mudar as nossas esperanças e expectativas sobre eles. Nós não fracassamos, e eles também não. Algo diferente não é ruim. É apenas diferente.

9. *Comemore o que é real.* Quando uma criança merece ser celebrada por algo significativo (por exemplo, não tirar uma nota baixa no primeiro boletim escolar do ano, participar de um campeonato de futebol, ter um trabalho artístico que está sendo exibido em alguma exposição pelo bairro), não crie falsas celebrações para os outros filhos apenas para ser "justa". Use essas oportunidades para ensinar aos outros filhos a apreciar verdadeiramente os seus irmãos, seus talentos e suas escolhas para desenvolver e usar bem seus talentos e esforços pessoais.

10. *Apresente-os aos vencedores.* Comentar sobre parentes e pessoas conhecidas que seus filhos sabem que superaram situações pessoais difíceis aumenta a chance de, inspirados pelos bons exemplos, tornarem-se bem-sucedidos. Ler as biografias

de pessoas bem-sucedidas, que superaram muitos e complexos desafios, também ajuda. Você pode usar heróis bíblicos como Davi, Paulo, Pedro e Moisés para ajudar nessa tarefa. Essas pessoas podem ajudá-lo a convencer seus filhos de que a perfeição não deve ser o seu objetivo, mas que a aprendizagem a partir de seus erros traz uma expectativa ou objetivos melhores. Todos nós podemos aprender as nossas maiores lições a partir de nossos maiores desafios. É nossa escolha.

11. *Divirtam-se juntos*. Brinque com seus filhos. Não planeje toda a programação da semana, assim você terá espaço para respirar e dizer sim mais frequentemente aos pedidos deles. Relacionamentos são aprofundados enquanto brincamos e tomamos suco nas festas com os pequeninos, vamos às compras ou assistimos a jogos de futebol com os filhos mais velhos. A diversão, os momentos de lazer que você compartilha, torna os tempos difíceis mais fáceis de serem caminhados e percorridos através de um longo caminho para a criação de uma cultura familiar encorajadora.

Seja paciente com você enquanto trabalha para cultivar um ambiente mais encorajador em sua família. Se você escolher mudar muitas coisas ao mesmo tempo, você e seus filhos serão dominados e pouco progresso será feito. Não olhe para trás com vergonha ou culpa. Olhe para frente com esperança e com a expectativa de que Deus vai ajudá-lo se você pedir. A Bíblia nos diz que "o que é impossível para os homens é possível para Deus" (Lucas 18.27).

> *Espere ansiosamente com esperança e tenha a expectativa de que Deus vai ajudá-lo se você pedir.*

E SOBRE OS PROBLEMAS MAIS SÉRIOS?

Como CEO, eu lidero a equipe executiva do Hearts at Home. As mulheres da minha equipe são mães no mesmo estágio em que me encontro, ou seja, todas nós somos mães de adolescentes ou de jovens adultos. Quando nos encontramos para as nossas reuniões semanais, muitas vezes começo com: "Então, me digam como estão as coisas em casa. Alguém preso? Suspenso da escola? Alguma novidade desde nosso último encontro?" Faço as perguntas de forma bem humorada, mas o fato é que todas nós gostamos de ter um lugar para compartilhar honestamente sobre tudo com o que estamos lidando em casa, sem nenhum julgamento ou vergonha, apenas com as cenas da vida real. Cada uma de nós da equipe já lidou com alguns sérios problemas relativos aos nossos filhos.

Se você tem filhos adolescentes ou jovens, deve estar sentindo alívio ao ler essas palavras. É muito importante que você saiba que não está sozinha. Quando seus filhos são pequenos, cuidar deles é fisicamente exaustivo. Quando eles ficam mais velhos, educá-los é emocional e mentalmente desgastante. Os problemas deles parecem ficar cada vez maiores. Os riscos aumentam. Os erros podem ter consequências mais sérias. Aceitar cada filho como ele é assume um novo tipo de significado.

Se você ainda tem filhos pequenos, não se desespere enquanto lê sobre os desafios futuros. Agradeça a Deus pela fase atual de sua maternidade e aproveite para aprender como se livrar do Vírus da Perfeição nesse momento do jogo. Isso será útil para o dia em que enfrentar problemas maiores com seus filhos. Você não precisa se estressar nem se preocupar com o que os outros vão pensar enquanto procura ajudá-los quando o futuro deles está em jogo.

Sermos bons pais não nos fornece qualquer garantia de que os filhos vão fazer boas escolhas. Isso é verdade quando a criança joga algo para algum animal no jardim zoológico e também é verdade quando seu filho se torna pai aos dezesseis anos de idade. Você não é um fracasso se qualquer uma dessas coisas acontecer, assim como o seu filho também não é. Uma paternidade saudável não garante que ele não terá problemas emocionais ou de saúde mental. Às vezes, nossos filhos são afetados

Sou um fracasso?

pela genética, outras vezes são influenciados pela cultura e às vezes apenas enfrentam lutas resultantes das escolhas que fazem.

Os pais nunca esperam ouvir estas palavras, mas alguns de nós já ouvimos ou ouviremos um dia:

"Fui expulso da escola."
"Estou grávida."
"Minha namorada está grávida."
"Acho que sou gay."
"Estou preso."
"Fui reprovado e perdi minha bolsa de estudo."

Nenhum pai quer ouvir alguém dizer uma das palavras a seguir sobre um filho, mas alguns de nós já ouvimos ou ouviremos um dia:

"Seu filho tem esquizofrenia. Ele vai conviver com isso pelo resto da vida."
"Seu filho tem um distúrbio alimentar. Ele precisa de tratamento permanente."
"Seu filho foi pego roubando no nosso parque temático."
"Peguei seu filho colando na prova."
"Seu filho tem depressão grave. Esta foi uma tentativa de suicídio."
"Seu filho adotado tem transtorno de apego reativo. Ele é profundamente ferido pelo seu passado."

Nenhum pai quer dizer estas palavras a seguir para o seu filho, mas alguns de nós podemos passar por isso:

"O que são essas marcas no seu braço? Você mesmo se cortou?"
"Poderia me explicar sobre essa maconha que encontrei no seu quarto?"
"O que esta bebida estava fazendo no fundo do seu armário?"

"Você me disse que dormiu na casa de seu amigo na noite passada, mas a mãe dele disse que não."

"Que pílulas são essas que encontrei no seu carro?"

"O que você tem a dizer sobre essas revistas que encontrei debaixo do seu colchão?"

Se você se identificou ouvindo ou dizendo qualquer uma dessas declarações ou algo similar a elas, pare um pouco e lembre-se de uma verdade: seu filho não é um fracasso. Você não é um fracasso como mãe ou como pai. Essas coisas acontecem e fazem, infelizmente, parte da vida. Escolhas são feitas. Os diagnósticos são dados. Descobertas ocorrem.

E Deus é maior do que tudo isso.

Essas situações podem devastar vocês como pai e mãe ou podem torná-los mais fortes. Elas podem dividir um casamento ao meio ou torná-lo mais unido. Se você é uma mãe que fica de joelhos diante do Vírus da Perfeição, preocupada com o que os outros vão pensar e como isso vai parecer a todos, provavelmente será muito mais abalada por essas circunstâncias difíceis. No entanto, se você tiver sucesso no abandono do Vírus da Perfeição e conseguir fazer progressos amando seus filhos pelo que eles são, você se encontrará diante dessas situações e sairá delas ainda mais forte. Você vai usar a compaixão em um novo nível, ficar mais atenta, aceitar mais resignadamente e amar mais profundamente do que nunca. Você pode não saber disso, mas a genealogia da família terrena de Jesus incluía adúlteros, assassinos, prostitutas, mentirosos e muito mais. Um coração quebrantado não é rejeitado por Deus. Ele entende os erros e pode fazer alguns dos seus melhores trabalhos por meio das rachaduras em nossa vida e das circunstâncias desfavoráveis na vida de nossos filhos.

As escolhas ou os diagnósticos do seu filho não definem você.

Ao mesmo tempo, escolhas ou diagnósticos também não definem seu filho. Às vezes, a imperfeição torna-se muito óbvia, e quando isso acontece é importante procurar intensamente manter uma perspectiva divina. Mesmo nas situações mais difíceis da vida, não importa a causa, Deus dará o que você precisa. Você será capaz de dizer, como a minha amiga Jennifer Rothschild diz: "Não está tudo bem com as minhas circunstâncias, mas está tudo bem com a minha alma."

Em situações difíceis em minha família, eu encontrei força e esperança no Salmo 34.18, que diz: "O SENHOR está perto dos que têm o coração quebrantado e salva os de espírito abatido." Realmente gosto da maneira como a versão de *A mensagem* coloca esse versículo: "Se o seu coração está ferido, você encontrará o Eterno bem ali; se você levou um soco no estômago, ele o ajudará a recuperar o fôlego." Vamos encarar o fato de que há momentos em que precisamos entender que somos pais de filhos imperfeitos e nos sentiremos como se recebêssemos um soco no estômago. E é logo em seguida, mais do que nunca, que os nossos filhos precisam saber que realmente os amamos pelo que eles de fato são.

APLIQUE OS ANTÍDOTOS

À medida que nossos filhos aprendem a discernir e até mesmo a tirar proveito dos erros, é ainda mais importante aplicarmos os antídotos no Vírus da Perfeição com liberalidade. Essas respostas vivificantes que partem de nós lhes oferecem a coragem de enfrentar seus desafios mesmo quando as coisas estão difíceis. Dê-lhes, então, grandes doses de:

Compaixão
Quando os filhos erram, eles querem saber se alguém se importa com eles. E também querem ter a certeza de que não estão sozinhos. Sempre que possível, compartilhe com seus filhos sobre as vezes em que você, assim como eles, também errou. Isso vai ajudá-los a acreditar que você os compreende.

Percepção

Se você perceber que seu filho está se decepcionando com ele mesmo, se movendo do "Cometi um erro" para "Sou um fracasso", não hesite em questionar explicitamente o que ele pode estar sentindo (ou dizendo a si mesmo). Assegure-o de que erros são normais, mas que é importante aprendermos com eles.

Aceitação

Quanto mais aceitarmos os nossos filhos, mais eles próprios aceitarão quem são. Aceite as coisas que são difíceis para eles e, se necessário, ajude-os a encontrar maneiras de preencher essa lacuna de sua fraqueza (por exemplo, se você tiver uma criança que possui dificuldade com a ortografia, ensine-a a digitar e conferir no editor de textos antes de publicar um texto no Facebook, para que ela possa se beneficiar da verificação ortográfica do programa). Aceitar não significa concordar com algo. Se vocês estão lidando com um grande problema com o seu filho, aceitar simplesmente significa conhecer e reconhecer a realidade das circunstâncias desse filho.

Amor

Quando amamos nossos filhos em ação e em palavras, independentemente dos erros que cometem, eles crescem a ponto de entender o que o amor incondicional realmente significa. Deus nos ama assim. Uma maneira como todos nós podemos provar o "aperfeiçoamento" é aprendendo a amar mais como Deus, a cada dia. Agradeça a Deus hoje porque você começou a aprender mais sobre o amor incondicional por intermédio da experiência vivida com seus filhos.

SOU UM FRACASSO?

Incentivar os filhos quando eles cometem erros ou se sentem um fracasso é um privilégio enorme e uma responsabilidade importante. Quando

Sou um fracasso?

nós os incentivamos, damos a eles coragem a fim de que se esforcem para trabalhar e superar seus próprios desafios. Também os ajudamos a saber que aprender com os erros é uma parte importante no processo de crescimento. Mesmo nos momentos mais difíceis de nossa jornada como pais, precisamos ser encorajados e firmes durante esse processo, para que nossos filhos não pensem que os erros significam necessariamente fracasso!

CAPÍTULO 8

QUAL É O *meu* PROPÓSITO?

Quando nossos filhos eram pequenos, a rotina da hora de dormir incluía contar-lhes uma história e orar junto com eles. Quando os estávamos ensinando a orar, fazíamos orações que incluíssem coisas como: "Deus, eu te louvo porque és _____ (santo, fiel, verdadeiro, bom, amor etc.). Deus, por favor, me perdoa por _____ (bater na minha irmã, mentir para a mamãe etc.). Deus, eu te agradeço por _____ (meu professor, meus amigos, minha família, a chance de ver a vovó hoje). Deus, por favor ajuda _____ (a mim, a minha irmã, a minha amiga, a vovó etc.)." Isso os ajudou a aprender como falar com Deus de uma forma mais adequada do que a mentalidade de uma lista de desejos com um "me dá isso e me dá aquilo". Se eu soubesse o que sei agora sobre como passar uma correta visão do propósito de Deus para cada um dos meus filhos neste mundo, eu também teria orado com eles e por eles sobre o seu propósito neste mundo. Ensinar a falar com Deus é uma ótima atitude para manter o que há de mais importante na vida como prioridade no coração e na mente de seus filhos.

Todo ser humano anseia por significado. Entender por que estamos no mundo e qual o impacto do que podemos fazer nos dá um inerente valor tanto como membros da sociedade quanto como membros da família de Deus. Todos nós temos tanto um propósito geral quanto um propósito específico neste mundo. Vamos explorar os que dentre eles nos aparecerem.

O PROPÓSITO MAIOR DE DEUS PARA NÓS

No Salmo 8.3-4, o rei Davi aborda algo importante sobre propósito quando ele ora, dizendo: "Quando contemplo os teus céus, obra dos teus dedos, a lua e as estrelas que ali firmaste, [...] que é o homem, para que com ele te importes? E o filho do homem, para que com ele te preocupes?" Davi está basicamente dizendo: "Então, Deus, por que você se importou em nos criar?" Deus criou os seres humanos para se relacionarem com ele e uns com os outros. Precisamos dele. Há um vazio do formato de Deus em todos nós que tentaremos preencher com outras coisas, a menos que ele esteja em nosso coração. Deus não nos força a estar com ele, mas estende a mão e nos pede que a agarremos. Isso acontece quando dizemos algo como: "Deus, eu preciso de você. Preciso de você para ser o líder da minha vida. Sou grato porque você enviou seu Filho, Jesus, para morrer em meu lugar. Obrigado por sua graça e salvação."

Quando Deus está conduzindo nossa vida, ele nos permite fazer parte de sua obra e de seu plano, para que possamos aprender mais sobre ele e também sobre nós mesmos. Em nosso relacionamento com Deus, temos quatro objetivos gerais.

Objetivo 1: Louvar a Deus

Cada criança foi criada por um Deus amoroso e intencional, que sabia o que estava fazendo. Ele tinha um plano para a vida de cada uma delas, e ainda tem. Ao falar de Deus, Davi, autor de boa parte dos salmos, coloca as coisas desta forma: "Tu criaste o íntimo do meu ser e me teceste no ventre de minha mãe. Eu te louvo porque me fizeste de modo especial e admirável. Tuas obras são maravilhosas! Disso tenho plena certeza" (Salmo 139.13-14). Desde a tenra idade, os filhos podem aprender a gratidão a Deus por tê-los criado. Deus não teria que trazê-los à existência, ele quis fazer isso. Ele criou cada um de nós de forma única ("admirável") e quer que fiquemos maravilhados com o que ele fez ("especial").

Para louvarmos a Deus com naturalidade, precisamos de um padrão de pensamento grato. Nossos filhos precisam nos ouvir agradecendo a Deus por criá-los da maneira como ele o fez. (Isto é o que eu teria adicionado ao nosso momento diário de histórias e orações, se eu pudesse voltar no tempo e fazer tudo de novo!) Precisamos modelar aceitação e alegria em nossos filhos, até mesmo por seus cabelos difíceis de pentear, pelas músicas que cantam, pela energia inesgotável que eles têm ou por sua curiosidade insaciável.

Ficamos realmente felizes por eles terem interesse em videogame, quando na verdade queríamos que jogassem futebol, por terem uma quietude de alma profunda e natural, quando preferíamos que se expressassem em voz alta, ou mesmo pelo seu fascínio com os números, quando somos, de fato, inimigos da matemática desde os dias da escola? Verbalizar apreciação nesses tipos de diferenças ajuda-nos a aceitar os nossos filhos e os ajuda a acreditarem que eles têm um projeto único de vida e um propósito especial. Reconhecer que suas características pessoais foram todas escolhidas por um Deus amoroso dá aos nossos filhos uma enorme força interior. Essa crença pode servir como uma vacina contra a intimidação e a provocação, quando eles aprendem a se defender sozinhos e a apreciar quem são.

Objetivo 2: Fazer boas obras

Ao formar cada criança ao seu modo, Deus lhe deu habilidades e interesses específicos. Isso é dito em Efésios 2.10: "Porque somos criação de

Deus realizada em Cristo Jesus para fazermos boas obras, as quais Deus preparou antes para nós as praticarmos." Cada criança foi criada para fazer as coisas certas — coisas boas. O propósito dos nossos filhos é fazer bem as coisas que podem fazer bem. Quando nossos filhos são gratos pelos talentos que têm, eles mantêm o Vírus da Perfeição distante, porque estão voltados para o que eles têm, e não para o que não têm.

É importante notar que não fomos criados para fazer obras "perfeitas", mas apenas "boas" obras. Essa palavra, na língua original utilizada na Bíblia, significa qualquer obra de caráter reto e excelência moral. E isso inclui as atividades que influenciam positivamente outros.

Os filhos precisam conhecer seus pontos fortes para que possam acreditar no trabalho de Deus em suas vidas. Mas eles também precisam acreditar que Deus pode usar as fraquezas deles. Se você se lembra, a grafia não é fácil para Kathy, porém ela escreveu este livro e outros, publica regularmente artigos em seu blog e é bem-educada. Quando os filhos compreendem que foram criados por Deus com um propósito e que esse propósito é o que lhes permite fazer um bom trabalho, eles tornam-se menos propensos a criar desculpas quando não podem se envolver em alguma coisa que não são capazes de realizar bem. Se você tem filhos mais velhos que hesitam em se envolver em algum aspecto do serviço, quais fraquezas os impossibilitam disso? Você seria capaz de imaginar uma forma que os ajudasse a ver até mesmo seus pontos fracos como algo que Deus pode usar ou ajustar de alguma maneira?

Objetivo 3: Ser um agente de Deus

Cada um de nós foi criado por Deus para a glória do Senhor (Isaías 43.7). O que significa glorificar a Deus? Significa que estamos dando as glórias a Deus! Estamos atraindo positivamente a atenção de pessoas para Deus e, assim, o representando no mundo.

Uma maneira de glorificar a Deus é sendo as pessoas que ele nos criou para ser. Quando ajudamos nossos filhos a se tornarem o que Deus os criou para ser, e não quem nós desejamos que eles sejam, glorificamos a Deus como pais e mães que cumprem sua vocação. Quando os ajudamos a aceitar plenamente quem são, Deus se agrada, porque a sua criação é "especial e admirável; [tuas] obras são maravilhosas" (Salmo 139.14).

Quando nos alegramos com os interesses dos nossos filhos, eles reconhecem mais facilmente a bondade de Deus. Quando nos alegramos por eles serem quem são, emitimos uma mensagem para o mundo a nossa volta. Ao ajudarmos nossos filhos a terem prazer em suas descobertas, Deus também é glorificado. Quando eles estudam com empenho e, como resultado, tiram uma boa nota naquela prova que tinha tudo para ser trágica, essa é também uma maneira de glorificar a Deus. Ensinar as nossas filhas a não reclamarem do próprio cabelo nem invejarem o cabelo da amiga glorifica a Deus.

É claro, mostrar a eles que obedecer aos pais é uma poderosa maneira de glorificar a Deus também é muito importante. Agora, quando estiverem sozinhos em seus quartos, livres para decidir se jogam videogame em vez de terminar a lição de casa, eles terão uma motivação especial para escolher a tarefa da escola. Eles terão um motivo para se comportarem da mesma forma na casa de um amigo como fazem em casa.

Um monte de feedbacks negativos pode levar os filhos a acreditarem que não são capazes de glorificar a Deus. Filhos muitas vezes são levados a pensar que nunca são bons o suficiente, porque nós questionamos todos os pontos perdidos em cada prova, e por isso não acreditam que podem glorificar a Deus. Se formos falar com o técnico do nosso filho cada vez que achamos que ele não jogou tempo suficiente, ele pode vir a questionar sua própria habilidade e contribuição na equipe, chegando à equivocada conclusão de que ele não pode glorificar a Deus. Dar ênfase aos aspectos positivos que nossos filhos possuem não apenas os encoraja, mas também

Quando nos alegramos com os interesses dos nossos filhos, eles reconhecem mais facilmente a bondade de Deus.

os ajuda a descobrirem seu propósito, levando a sério o chamado de glorificar a Deus com suas vidas.

Objetivo 4: Fazer do mundo um lugar melhor
Uma das maneiras preferidas de Kathy falar com seus filhos sobre o fato de terem sido criados com um propósito é desafiá-los a viver de forma a fazer do mundo um lugar melhor. Basta pensar nisso: nossos filhos mais velhos têm visto o nosso mundo destruído em inúmeros sites, vídeos do YouTube, vinte e quatro horas por dia, em noticiários não editados. Para todas as idades, há também os desafios bem próximos e pessoais de disfunção familiar, intimidação e bullying de seu grupo, pais decepcionados, além de medo sobre o futuro. Os filhos podem se sentir sobrecarregados e achando que não há nada que possam fazer para mudar a situação.

Nós podemos ajudar nossos filhos a compreender que eles não precisam esperar a vida adulta chegar para fazerem diferença no mundo. Eles foram criados para a prática de boas obras, desde agora. Muitos jovens de hoje têm levantado recursos para a construção de escolas em Uganda ou para cavar poços de água no Quênia, ou ainda pesquisando a cura para o câncer ou até mesmo reformando a calçada da casa dos seus avós. Quando eles oferecem amizade a um novo garoto da vizinhança, ajudam a cuidar da irmã mais nova ou escrevem um bilhete de amor para o pai antes de ele fazer uma viagem de negócios, eles também estão fazendo do mundo um lugar melhor.

Filhos que tentam ser perfeitos para satisfazer os pais são menos propensos a se tornarem pessoas que fazem diferença. Talvez essa seja a motivação extra que você precisa para ter certeza de que está aceitando os seus filhos por quem eles de fato são. Se não agirmos assim, eles podem se tornar ainda mais autocentrados e menos dispostos a pensar em abençoar os outros.

Nossos filhos precisam aprender a servir desde pequenos. Eles não precisam esperar crescer para isso. Quando Anne ainda era criança, eu servi como voluntária em um evento social para idosos da minha igreja e levei ela comigo, participando de tudo o que eu fazia. Essa foi uma grande oportunidade para Anne se sentir à vontade entre as pessoas idosas e fazê-las sorrir com seus gracejos de criança. Já que a nossa família sentia prazer nesse serviço, nós nos oferecemos para cuidar do culto que era realizado no lar para os idosos do bairro. Anne e Erica cantaram enquanto Evan tocou piano. Na época, Austin era ainda bem pequeno, mas seu trabalho era o de entregar os hinários e distribuir abraços. Os idosos amaram a interação com as crianças. Quando tornados atingiram o Missouri, Mark e eu levamos Austin e Kolya para serem voluntários na limpeza e na reconstrução. Eles trabalharam duro no calor do verão e experimentaram o que se sente quando procuramos fazer do mundo um lugar melhor e como é sentir que Deus pode usá-los para fazer a sua obra.

Preste atenção às oportunidades que surgem para introduzir os seus filhos no privilégio que é servir aos outros. Isso lhes confere propósito e lhes permite impactar o seu próprio mundo de alguma maneira. Jesus deu a sua vida por nós. Ele é o modelo perfeito do que significa servir aos outros de modo sacrificial. Quanto mais oportunidades oferecermos aos nossos filhos de experimentarem os efeitos do agir grandioso de Deus, melhor será a compreensão deles do propósito de louvar a Deus, fazer boas obras, glorificar seu nome e fazer do mundo um lugar melhor.

COMO PODEMOS AJUDAR NOSSOS FILHOS A ACREDITAREM QUE DEUS TEM UM PROPÓSITO ESPECIAL PARA A VIDA DELES?

O propósito é descoberto por influência e ao mesmo tempo por experiência. Posso ver isso na minha própria vida. Quando eu era caloura no ensino médio, fui contratada por Florence, uma mulher de nossa igreja, para cuidar de sua filha com necessidades especiais, Barbie. Florence competia em torneios de tênis em todo os Estados Unidos, então eu ficaria com a Barbie durante sua ausência. Embora no começo eu ficasse com a Barbie apenas durante o dia, com o passar do tempo Florence começou

a me pedir também para ficar com ela durante algumas noites. Isso foi uma enorme responsabilidade para uma jovem que ainda nem podia dirigir. No entanto, a influência de Florence indicava que eu era capaz.
A minha experiência em cuidar de sua filha ao longo dos anos me ajudou a descobrir que eu era capaz de fazer diferença na vida de alguém. Apesar de Florence já ter falecido, ainda entro em contato com Barbie, quando estou de passagem por Avon, Indiana. Ela adora me contar sobre suas atividades, seus animais e todas as suas dores e dificuldades. Até em sua condição limitada, Barbie me abençoa. Cuidar dela nos meus primeiros anos me deu um propósito.

Outro exemplo me ocorreu nesse mesmo período. Meu pai me pediu que eu trabalhasse temporariamente no verão como recepcionista no escritório administrativo do distrito escolar em que ele trabalhava. Eu tinha por volta de dezesseis anos, e sob minha responsabilidade estava algo maior do que imaginava ser capaz até então. A confiança do meu pai de que eu poderia lidar com esse trabalho me estimulava a acreditar que eu era suficientemente responsável. A experiência me deu propósito.

Essas oportunidades, juntamente com outras que algumas pessoas me concederam em meus primeiros anos, plantaram sementes de propósito de liderança em mim. Sou grata pela influência e experiência que me ajudaram a ser a pessoa que sou hoje.

Como podemos ajudar nossos filhos a acreditarem que a vida deles tem um propósito? Além de influenciá-los e fornecer-lhes experiência, eles também precisam de esperança para o presente e também para o futuro. Essa esperança é essencial para que os filhos creiam em seu propósito. Eles não devem ficar desanimados com situações tensas de sua vida ou do mundo a ponto de não crerem que podem cooperar para a transformação. Eles precisam saber que podem fazer alguma diferença. E devem acreditar que possuem valor já no momento, bem como no futuro.

Nosso filho Austin tem um coração terno. Quando seus irmãos mais velhos viajaram para a Jamaica com um grupo de jovens missionários, ele, que na ocasião tinha apenas nove anos, disse que queria fazer um show com espadas com o objetivo de levantar dinheiro para os projetos da equipe missionária. Todos os dias ele pegava sua espada de brinquedo no quintal e executava uma performance com música. Ele até imprimiu convites para dar às pessoas na igreja para virem ao seu show. Eu não via como aquilo poderia dar certo, por isso pensava em desencorajá-lo desse evento "tolo". Abstive-me, no entanto, ao perceber que eu precisava encorajar esse sonho que ele tinha, e não desanimá-lo. Eu precisava deixar de lado o medo de seu fracasso e incentivar a sua crença de que ele tinha um propósito. Acredite ou não, quinze pessoas vieram à sua apresentação, e entre o valor dos bilhetes e as doações, ele ganhou mais de 100 dólares para o projeto missionário! Acredite, nossos filhos podem fazer a diferença. Às vezes, nós só precisamos sair do caminho deles!

Também podemos ajudar nossos filhos a encontrar um propósito, levando-os às pessoas a quem eles podem servir. Quando tiram os olhos de si mesmos, eles são capazes de ver os outros e suas necessidades, e, assim, servindo pessoas, eles verão na prática que podem fazer do mundo um lugar melhor.

Sua família pode servir às pessoas, da forma como fizemos com a igreja servindo no abrigo para idosos. Uma família que conhecemos escolhe servir no dia de Ação de Graças, indo jantar em um abrigo para mendigos. Outra família serve uma mulher idosa em sua igreja sempre que ela precisa de ajuda para cuidar de sua casa e de seu quintal. Embora o maior objetivo seja servir outras pessoas, é também uma ótima oportunidade de unir os irmãos de uma família e ensiná-los a importância do trabalho em equipe. A sua presença entre eles é importante, pois, dessa forma, você pode orientá-los de maneira específica e também incentivá-los. Eles vão acreditar que podem fazer a diferença porque já estão fazendo. Isso pode motivá-los a aprender as verdades fundamentais, desenvolver o caráter, crescer na fé, desenvolver mais habilidades e crescer em alegria.

Não existem filhos perfeitos

Também podemos ajudar nossos filhos a descobrirem seu propósito, dando-lhes sentido. Isso é especialmente verdadeiro para dois tipos de crianças: aquelas que não sabem ou não acreditam em seus talentos e aquelas que têm muitos talentos. Crianças que ainda não sabem nada sobre os seus talentos precisam encontrar maneiras de usar as suas habilidades e interesses, mesmo que não sejam tão fortes quanto as outras. Por exemplo, os mais velhos que, mesmo estando na escola, ainda não leem com tanta desenvoltura, provavelmente leem bem o suficiente para serem voluntários, lendo livros para crianças menores do que eles no jardim de infância. O desafio de ajudar os mais novos pode favorecer na construção da sua confiança. Os pré-adolescentes e adolescentes que não têm habilidade suficiente para integrarem o time de futebol da escola podem ajudar na equipe de futebol de crianças pequenas. Os filhos que não desenham com a qualidade que imaginam ser a ideal podem desenhar bem o suficiente para fazer cartões que animem pessoas internadas em hospitais ou os refugiados no exterior. Criar oportunidades para eles, qualquer que sejam as habilidades e interesses que possuam, vai demonstrar que não são incapazes e que não precisam ser perfeitos para fazer algo que tenha efeito na vida de outras pessoas.

> *Continue dando direção e encorajamento, mas resista à vontade de levá-los na direção que você deseja.*

O segundo grupo de filhos que necessita de nossa atenção e direção é o dos que têm múltiplos talentos, que são, muitas vezes, mais velhos, mas que têm medo de tomar decisões e que, por essa razão, dificilmente escolherão o que é melhor para a vida deles. Neste caso, o problema não é apenas um erro que os impede de cumprir seu propósito. Eles precisam da nossa ajuda e orientação para escolherem corajosamente alguma coisa. Claro, não é nenhuma tragédia os filhos se formarem no ensino médio e não terem nenhuma ideia do que querem fazer da vida. Isso é normal! Basta que você continue dando direção e encorajamento para

Qual é o meu propósito?

que eles explorem o seu futuro, resistindo à vontade de levá-los na direção que você deseja para eles. Considere fazer perguntas como:

O que você sente que sabe fazer bem?
O que lhe traz alegria?
O que preenche sua vida?
O que intriga você?
Que tipo de problemas você tenta resolver ou descobrir?
O que você sonha fazer ou se tornar?
O que empolga você?

Kathy esteve recentemente com um estudante universitário pronto para iniciar seu último ano de faculdade. Ele havia recebido uma advertência acadêmica pela segunda vez e tinha perdido sua bolsa de estudo. Ele disse a Kathy e a seu pai que nenhuma de suas matérias o interessavam e que não tinha mais certeza sobre sua escolha de curso ou o que ele queria fazer quando se formasse. Ela lhe perguntou: "O que preocupa você? Há algo de errado no mundo que você gostaria de falar?" Depois de um tempo, ele se abriu e eles conversaram sobre variados assuntos que lhe chamavam a atenção e como seria a aprendizagem no seu último ano, diante dessas questões que ele próprio levantou. Seu comportamento mudou. Mais tarde, naquele dia, ele e seu pai tiveram uma longa e positiva conversa sobre o seu futuro. Aquela conversa parecia ser apenas a direção que ele precisava para se deslocar do desânimo para o propósito.

Outra maneira de influenciar os filhos em sua busca por propósito é ajudá-los a "descobrir cinco". Essa brincadeira pode ser feita em família e seu objetivo é que cada pessoa possa identificar cinco coisas para ser, fazer, ter e ajudar. Mesmo quando acreditamos que conhecemos bem os nossos filhos, nem sempre sabemos tudo o que lhes interessa em determinado momento. Eles podem manter uma parte de seus interesses escondida de nós e também podem mudar sua mente quando são influenciados pelo que está acontecendo ao seu redor e pelas pessoas com quem se relacionam. É valioso participarmos desse momento, porque ajuda nossos filhos a saberem o que está em nosso coração e em nossa mente. Eles precisam entender que, mesmo na vida adulta, continuamos a ter esperanças e sonhos.

A brincadeira é simples. Dê a todos da família um pedaço de papel. Peça-lhes que o dobre duas vezes para criar quatro partes e abri-lo de volta. Dentro de uma parte, escreve-se a palavra *ser*. Nas outras, escreve-se *fazer*, *ter* e *ajudar*. Depois, dê um tempo suficiente para que cada um deles escreva cinco coisas que desejam ser, fazer, ter e ajudar na vida. Os filhos mais novos, que ainda não souberem escrever, podem ditar as suas ideias para um irmão mais velho ou o pai escrever para eles.

As respostas podem revelar coisas muito importantes. Por exemplo, se todos apresentam dificuldade para pensar em pessoas ou causas para ajudar, isso pode indicar que você não fala muito em sua família sobre servir ao próximo. Se pensar em cinco coisas para ter for algo mais fácil para eles, isso pode indicar que o materialismo é uma questão muito enfatizada em seu lar. Você pode observar se o "ser" e o "fazer" se alinham bem ou não. Por exemplo, se na lista da sua filha consta *mãe* mas não *esposa*, você deverá ajudá-la a ver a importância de ser esposa, fazendo as coisas da forma correta.

Outra maneira positiva de usar essa brincadeira é criar para a família uma declaração de missão. Se os seus filhos têm idade suficiente, você pode envolvê-los. Pense e ore sobre cinco coisas ideais em cada categoria. O que você quer que eles sejam? Amigos, seguidores de Cristo, alegres, dóceis? O que você quer que eles façam da vida? Sirvam, amem, cresçam? O que você quer que eles tenham? Um casamento saudável e um lar feliz? Um propósito significativo? Amizades agradáveis? E o que dizer de ajudar? Os membros da família, os órfãos, os pobres, a igreja. Que causa motiva você? Uma declaração de missão pode ajudar a manter a prioridade da família em foco, para quando você decidir como gastar o tempo juntos como família e que conversas deve ter regularmente. Isso também ajuda a moldar uma visão para cada propósito. Colocando essa visão no papel, tudo isso se torna tangível e priorizado.

É comum os filhos não saberem acerca do propósito para a vida deles. Por isso, é importante que os ajudemos a descobrir. Honestamente, é muito comum também que adultos não tenham muito claramente um senso de propósito. Se esse for o seu caso, você pode explorar esse desafio junto com seus filhos. Afinal, nunca é tarde demais para se alcançar uma visão de como podemos impactar o nosso mundo! Faça isso juntamente com os seus filhos.

Na compreensão do propósito, é importante estarmos cientes de como a tecnologia em nossa cultura afeta tudo isso. A era digital nos fez encontrar propósito mais fácil, em alguns aspectos. No entanto, também complicou a busca por propósitos de outras maneiras. Vamos explorar essas duas realidades.

TECNOLOGIA E FINALIDADE

O uso de brinquedos e ferramentas digitais para crianças pode influenciá-las de várias maneiras, inclusive fazendo-as acreditar em seu potencial. De modo positivo, os computadores, a internet, as redes sociais, os celulares, os jogos, a televisão, os filmes e demais recursos tecnológicos têm sido incrivelmente influentes na expansão da mente de nossos filhos para novas possibilidades. A tecnologia encurtou distâncias e tornou o nosso mundo mais tangível por meio dos sites, das notícias em tempo real, dos vídeos do YouTube e das informações sobre grupos de pessoas que podemos ajudar e causas com as quais podemos nos envolver. Também temos acesso aos relatos sobre pessoas, incluindo crianças, adolescentes e jovens, que estão fazendo uma diferença positiva no mundo. Essas histórias estimulam nossos filhos a acreditar que eles também podem fazer diferença. Esteja ciente, porém, que essa mesma tecnologia pode exercer grande pressão sobre eles para descobrirem o que conseguem fazer. E se eles começarem a se comparar ou perceberem que os estamos comparando, podem sentir-se inadequados, e o Vírus da Perfeição pode lhes fazer um grande mal.

Nós conseguimos moderar os extremos lembrando-os de que todos podemos fazer a diferença de alguma forma. Não importa se a nossa influência atinge centenas de pessoas, como a construção de poços na África, ou se fazemos a diferença na vida de nosso vizinho que precisa de ajuda para limpar seu quintal depois de uma chuva forte. Ambos são igualmente importantes. Isso permite que nossos filhos aprendam a amar e cuidar dos outros em nome de Jesus.

Por meio da internet, nosso filho mais novo, Austin, conheceu um ministério chamado Come & Live[1]. Como músico, Austin sentiu-se atraído para sua missão de compartilhar a arte musical livre de direitos autorais em um esforço por direcionar os *royalties* e lucros para atender necessidades globais como a pobreza, o tráfico humano, a falta de moradia, as viúvas e os órfãos em dificuldades, as vítimas da guerra e muitos outros que legitimamente precisam de ajuda. Quando Austin conseguiu seu primeiro emprego, com quinze anos de idade, ele decidiu doar mensalmente uma parte do seu salário para o ministério Come & Live. Essa oportunidade surgiu por meio da tecnologia e foi uma forma dele identificar uma paixão e um propósito para sua vida.

Filhos que passam horas em frente ao videogame e usam a tecnologia correm o risco de ter uma visão equivocada de seu lugar no mundo. Se você tem um filho afeito à tecnologia, ou a jogos virtuais, é importante estabelecer limites saudáveis de tempo gasto nessa área. Assim também foi com o Austin. Ele teria jogado videogames por horas, dias e mesmo semanas se não tivéssemos estabelecido limites claros. Um simples relógio de cozinha fez o serviço. Quando Austin era mais novo, só permitíamos duas horas de jogos por dia no verão (e horas não consecutivas. Ele podia ter duas sessões de uma hora ou quatro tempos de trinta minutos, ou de alguma outra forma, desde que ele dividisse). Nós exigíamos que

---

1. Acesse: www.come&live.com

Qual é o meu propósito?

ele iniciasse o cronômetro sempre antes que começasse a brincar. Se eu o encontrasse jogando sem o cronômetro ativado, ele perdia seu privilégio imediatamente, pelo resto do dia. À medida que ele foi ficando mais velho e tinha amigos para jogar, mudamos os limites para uma hora, então duas horas de folga. Mais uma vez, o cronômetro foi usado para capacitá-lo a gerenciar seus limites e equilíbrio. Durante o ano letivo, os jogos eram limitados a trinta minutos nos dias de aula, e duas vezes por semana ele não jogava, era um tempo para descansar.

Quer se trate de tecnologia, quer se trate de qualquer outra coisa com que nossos filhos fiquem obcecados, é importante que os ajudemos a estabelecer limites, visando ao equilíbrio na vida deles. Esteja pronto para o conflito. Afinal, eles pensarão que você é a única pessoa no mundo inteiro que faz os filhos pararem de jogar videogame. Permaneça firme, no entanto, pois você os está ajudando a ter uma vida equilibrada, algo que irá contribuir para eles irem muito mais longe na vida adulta.

O que a tecnologia produz quando as crianças passam muito tempo mergulhadas no mundo digital? Há três riscos que elas enfrentam ao longo do tempo. Em primeiro lugar, elas podem se acostumar com a falsa ideia de que devem estar sempre entretidas com alguma coisa. Como resultado, podem querer apenas participar de coisas em ritmo acelerado, desafiador ou em atividades de entretenimento (o que em grande parte exclui a escola!). Elas podem se queixar da rotina e rapidamente decidirem que estão entediadas. Podem acreditar que as tarefas de trabalho devem ser sempre divertidas, o que sabemos não ser verdade no mundo profissional. Elas também podem se queixar de alguns professores e trabalhos de casa. Filhos que acreditam que a vida precisa ser uma eterna diversão podem não perseverar em tarefas da casa, porque elas são chatas, rotineiras e sem grandes desafios.

Um segundo risco que o excesso de tecnologia pode produzir é a busca da felicidade. Vários jogos de videogame estão ensinando a nossos filhos que a felicidade é um direito. O objetivo é vencer, alcançar ou obter mais de algum prêmio. O resultado é uma sensação de felicidade, no entanto virtual e fugaz, que pode ser altamente viciante. Como adultos, nós sabemos que a felicidade não é sempre o resultado final de coisas que temos de fazer. Na verdade, grande parte do nosso propósito neste mundo é servir aos outros. A tecnologia, na maioria das vezes, diz respeito a servir a nós mesmos. Isso pode ser outra razão pela qual a criança exposta a grandes doses de tecnologia luta tanto para perseverar com pessoas ou tarefas que não contribuem para o aumento de seu medidor de felicidade.

A tecnologia também ensina aos nossos filhos que tudo deve ser fácil. A escrita é mais fácil por causa de funções como copiar e colar e de verificação ortográfica no computador. Smartphones nos permitem ter as músicas que gostamos na hora que bem quisermos. Nós podemos editar e recortar imagens e fotos. Quando algo para de funcionar, podemos desligar e ligar novamente. Muitas coisas voltam a funcionar simplesmente assim, como um milagre. Por causa disso, os nossos filhos correm o risco de não compreenderem o valor do trabalho duro e persistente. Eles podem ficar mais satisfeitos com o *status quo* do que dedicados a aprender novas habilidades e talentos. Seu olhar de curto prazo, em que tudo está ao seu alcance de uma maneira simples, rápida e facilitada, poderá cegá-los para oportunidades valiosas sobre as quais precisam descobrir alguma finalidade.

Expanda no seu filho a capacidade de sonhar e imaginar sempre que possível.

A tecnologia veio para ficar. Ela certamente é importante e tem tornado a nossa vida mais fácil de muitas maneiras. Como mãe e pai podem combater a tecnologia que não serve para os filhos identificarem o propósito de suas vidas? Aqui estão quatro estratégias que você deve considerar:

Ensine seu filho a lidar com o tédio, não a fugir dele.
Quando ele tenta escapar do tédio, seu objetivo está errado. O tédio é um fato da vida, então ele terá que aprender a lidar com isso também. Já que

o desejo de evitar o tédio influenciará as suas decisões, não queremos que ele deixe escapar as oportunidades que terá para mudar o mundo. Ensine seu filho a lidar com o tédio, não a fugir dele.

Vocês podem fazer uma lista de trinta coisas que ele pode fazer quando estiver entediado. Numere essas escolhas e coloque em um lugar adequado onde ele possa ver. Quando sentir-se entediado, poderá olhar para a lista e se lembrar de algo que pode fazer. Se ele reclamar, você pode dizer: "Faça algo. Escolha o número 5, 17 ou 28."

Outra boa maneira de encarar o tédio é usando a imaginação, dando asas aos pensamentos e sonhos. Nossos pensamentos podem ser divertidos, mas eles precisam ser alimentados. Vá para o lado de fora da casa com seu filho e estenda uma toalha num belo dia ensolarado de verão, deitem na grama e olhem para as nuvens. Brinquem de encontrar formas nas nuvens. Você também pode fazer esse mesmo exercício no carro, indo para algum lugar, olhando para as nuvens através das janelas e pensando com o que elas se parecem. Embora seja mais fácil deixar nossos filhos ocupados com a tecnologia, procure expandir a capacidade deles de sonhar e imaginar, sempre que possível. Recentemente, Mark e eu fizemos isso com a nossa neta de três aninhos, durante um passeio de carro que não durou mais do que uma hora. Foi incrível testemunhar as coisas que sua mente tão jovem foi capaz de identificar nas nuvens!

Ensine seu filho a se envolver em alguma atividade.

Não é somente de entretenimento que ele precisa. Ele também necessita de tarefas e ideias que estimulem seus pensamentos e sentimentos. Nosso objetivo não deve ser o de manter nossos filhos entretidos. Não precisamos sofrer essa pressão. Compartilhar tarefas com eles é algo mais adequado a se fazer. É possível, por exemplo, entregar ao seu filho mais velho um mapa para que ele o guie enquanto você está dirigindo para algum lugar. Deixe-o seguir a rota e peça-lhe que identifique cidades e estados que fiquem ao norte, sul, leste e oeste de onde vocês estão. Atualmente, com o GPS e aplicativos de celular como Google Maps e Waze, esse tipo de atividade pode parecer desnecessário, mas ela envolve os filhos na rotina que estamos tendo como família. Ensine-os a escolherem o envolvimento com atividades úteis, e não apenas entretenimento para "passar o tempo".

Ensine regularmente que a alegria e o contentamento são mais importantes do que prazer.
Explique que essa noção disseminada em nosso mundo de que temos de sentir prazer a todo instante não é real, mas a alegria é. O prazer, em geral, é uma sensação causada por fatores externos como comer algo muito gostoso, envolver-se em atividades divertidas ou receber presentes inesperados. A alegria é uma emoção causada por contentamento interno. O prazer é momentâneo. A alegria pode ser duradoura. Enquanto o prazer aparece e desaparece, a alegria é consistente porque se baseia em uma perspectiva divina em nossa vida. Quanto mais você cultivar a alegria em seu coração, mais os seus filhos entenderão que ela pode ser permanente, mesmo quando as circunstâncias da vida são difíceis. Ajude seus filhos a valorizarem mais a alegria e a gratidão do que o prazer.

Ensine atributos de caráter como perseverança e dedicação.
Não há nenhum problema em seus filhos verem você experimentar alguma frustração, mas é igualmente importante que eles vejam você perseverar em meio à frustração. Isso lhes ensina como superar alguns obstáculos da vida. E lembre-os de que podem utilizar seus pontos fortes para compensar as fraquezas, sempre que atentarem para o propósito de vida deles.

Você também pode compartilhar com eles sobre os momentos de sua vida em que lutou contra alguma dificuldade e teve coragem para trabalhar duro e superá-la. Conte-lhes como foi essa vitória. Quando meu filho caçula era pequeno, ele pedia: "Me conte uma história da sua vida, mamãe", quando eu o colocava na cama. Isso se tornou uma grande oportunidade para eu compartilhar algumas das experiências que tive e que me ensinaram lições de vida e propósito, de dedicação e perseverança. Seu filho não tem de lhe pedir que compartilhe essas histórias, mas você pode começar a fazer isso por conta própria. Sua vulnerabilidade pode ser o melhor professor para ajudar seu filho a compreender como encontrar um propósito neste mundo. Esses tipos de conversa também ajudam a superar a falta de conexão real que enfrentamos hoje por causa de toda essa tecnologia digital.

Faça dos relacionamentos pessoais uma prioridade.

Redes sociais, como o Facebook, por exemplo, não somente mudaram a noção e o uso da palavra *amigo* como também deram outro sentido à ideia de amizade. Já que podemos estar tão facilmente ligados uns com os outros por meio de redes sociais, nós nos afastamos cada vez mais dos relacionamentos face a face da vida real. Por causa disso, precisamos buscar um equilíbrio sobre quanto tempo os nossos filhos gastam on-line com "amigos" e quanto tempo eles passam, de verdade, com pessoas. Priorizar relacionamentos pessoais fará uma enorme diferença no futuro casamento deles e na sua capacidade de desfrutarem de uma boa conversa, lidarem com conflitos e se preocuparem com os outros.

Relacionamentos pessoais também são importantes para avaliar sua própria vida. Seus filhos veem você passando tempo com os amigos? Será que eles notam que, para você, pessoas são mais importantes do que tecnologia? Os nossos hábitos influenciam os hábitos dos nossos filhos, por isso, se queremos mudar seus hábitos, temos que começar com os nossos!

APLICANDO O ANTÍDOTO

Enquanto buscam compreender seu propósito neste mundo, os filhos passarão por altos e baixos no processo. Eles desfrutarão de experiências elevadas e também conhecerão as fases quando se sentirem no fundo de um poço de frustração e desesperança. Em todas essas experiências, é importante aplicar os antídotos que ajudarão nossos filhos a se manterem saudáveis em suas perspectivas e a resistirem ao Vírus da Perfeição na vida deles.

Compaixão

A compaixão é extremamente importante quando nossos filhos experimentam frustração, desapontamento e preocupação ao tentar encontrar seu propósito neste mundo. Resista ao impulso de dar uma "lição" simplória e fora de hora e, em vez disso, apenas ouça. Ouça atentamente o clamor que surge no coração deles. Onde eles estão sofrendo? Estão preocupados ou tensos? Responda com declarações de empatia como: "Sinto muito ver que você está lutando com isso" ou "Posso compreender a sua decepção". Ser compreensivo e ouvir é um dos melhores presentes que você pode dar ao seu filho.

Percepção

A percepção é necessária durante toda a nossa jornada como pais, mas é especialmente importante durante a adolescência, quando os filhos podem facilmente transformar suas emoções. Quando os hormônios invadem seus corpos e os filhos tentam descobrir seu lugar neste mundo, alguns deles serão mais propensos a sentimentos de desespero e depressão.
É também nesse momento que os distúrbios alimentares podem começar, bem como a experiência com as drogas e o álcool. É raro que um filho chegue a dizer: "Mãe, pai, eu preciso de ajuda." São os pais perceptivos que observam os sinais mentais, emocionais e físicos, além dos hábitos padrões. Se você perceber algo acontecendo com seus filhos adolescentes, não hesite em ser presente e ajudá-los no que for preciso. Eles podem até não gostar disso na hora, mas vão lhe agradecer mais tarde.

Aceitação

A aceitação é de grande importância quando nossos filhos estão tentando descobrir seu lugar neste mundo. Quando incentivamos e exercitamos a aceitação, estabelecemos bases para a sua capacidade de se aceitar, da mesma forma. Aceite seus interesses. Aceite seus pontos fortes. Aceite seus pontos fracos. Aceite suas falhas. Aceite a forma como eles são diferentes de você. Aceite as frustrações deles. Quando virem que você os aceita pelo que são, eles crescerão seguros com a realidade de quem são e de como Deus os criou.

Amor

O amor está acima de tudo. A Bíblia nos diz: "Sobretudo, amem-se sinceramente uns aos outros, porque o amor perdoa muitíssimos pecados" (1Pedro 4.8). Amar profundamente significa resistir ao impulso de corrigir. Isso significa escolher a graça sobre a crítica. Significa que lhes permitimos cometer erros e sofrer as consequências naturais de suas escolhas, sem fazê-los provar da nossa raiva. Amar profundamente nos obriga a ter mais de Deus em nós do que nós mesmos. O amor requer autocontrole em novos e surpreendentes níveis. A aprendizagem para amar o seu filho imperfeito pode ser uma maneira que Deus usa para fazer você experimentar uma maturidade mais profunda.

QUAL É O MEU PROPÓSITO?

Quando você colocar seus filhos na cama, ore para que eles saibam o sentido e o propósito deles neste mundo. Insistentemente lhes afirme o propósito singular que cada um deles possui na família. Dê-lhes oportunidades para fazerem a diferença no mundo. Enquanto estiver envolvido nisso, procure estar em sintonia com os seus propósitos originais também. Quanto melhor você conhecer a si mesmo, melhor conhecerá seus filhos.

CAPÍTULO 9

VOCÊ VAI ME *ajudar* A MUDAR?

Mudar não é fácil nem mesmo para adultos maduros, por isso não devemos supervalorizar quando nossos filhos lutam com os desafios das mudanças. Kathy e eu usamos nossas páginas no Facebook para perguntar às mães quais eram as suas dificuldades no processo de mudança dos seus filhos. As respostas que recebemos serviram como um grande lembrete de que não estamos sozinhas quando enfrentamos um tempo difícil na tentativa de ver nossos filhos crescerem e amadurecerem. Aqui está uma amostra das respostas que recebemos para a pergunta "O que é difícil para você no trabalho de mudança dos filhos?":

- Consistência da minha parte.
- Tentando ensiná-los a aceitar "críticas", mas sem que se sintam humilhados.
- Apatia.

- Eles dizem "Tudo bem" quando você está falando com eles, mas continuam fazendo tudo à sua própria maneira.
- Pensar em mim, em primeiro lugar.
- Disciplina, paciência e compaixão necessárias para experimentar o crescimento.
- Não ver progresso rápido o suficiente ou desanimar quando, depois de algum avanço, eles dão um passo para trás.
- Minha falta de perseverança.
- Pareço esquecer que meu filho tem apenas cinco anos e espero que ele seja mais capaz de compreender certas coisas.
- Eles não acreditam em si mesmos. Pensam que não podem melhorar.
- Não ficar frustrada quando digo repetidas vezes a mesma coisa e parece que eles simplesmente não compreendem!

Criar filhos não é fácil. A maioria deles não é intencionalmente má – pelo menos não de modo consistente. Eles são crianças. Podem ser infantis, às vezes. Eles serão infantis para nós, na maior parte do tempo. Vão cometer erros porque estão aprendendo e crescendo. Não farão as coisas da melhor forma, se ainda estão tentando algo novo.

Você se lembra da mentalidade "Vem pra mamãe!" de que falamos anteriormente e que se concentra no progresso, e não na perfeição? Essa mentalidade é incrivelmente importante para nos lembrarmos sobre como lidar e motivar a mudança na vida de nossos filhos.

ACEITE, ENTENDA E RELEVE O QUE É BOM

Nós conversamos sobre a aceitação como sendo um dos nossos antídotos contra o Vírus da Perfeição. Sabemos que isso é importante para nós, como pais, mas também precisamos perceber que ela desempenha um papel essencial na nossa capacidade de influenciar os nossos filhos. Eles são suscetíveis de resistir às nossas intervenções em sua vida, se acreditam que não os aceitamos de verdade. O especialista em relacionamentos

Você vai me ajudar a mudar?

John Gottman escreveu que: "Sobre a natureza humana, diz-se que é praticamente impossível de se aceitar o conselho de alguém, a menos que você sinta que essa pessoa a entende de alguma forma... É um fator importante que mostra que as pessoas podem mudar somente quando sentem que são amadas e aceitas como são. Quando as pessoas se sentem criticadas, rejeitadas e desvalorizadas, elas são incapazes de mudar."[1]

Há uma linha tênue entre rejeitar os nossos filhos ou aceitá-los enquanto ainda estamos esperando que eles mudem, não é? Mas é exatamente nesse tipo de tensão permanente que precisamos experimentar como pais. Lembre-se, aceitar nem sempre significa concordar. Aceitar significa simplesmente conhecer e reconhecer a realidade das circunstâncias do seu filho. É ser uma pessoa que demonstra a segurança de ser honesta com quem ouve e mostra compaixão e empatia, conduzindo sempre tudo com amor.

Como pode uma criança concluir que a sua mãe não a aceita? A mãe dela pode aparentemente rejeitar seus pontos fortes, porque insiste sobre outros pontos fortes ideais que ela gostaria que a criança tivesse. Se um pai insiste sobre sua filha mudar em algo que até então ela não fora capaz de mudar, ela pode sentir-se como sendo o problema, em vez de sentir-se apenas como uma criança com um problema. E se uma mãe se torna negativa, pessimista e crítica porque suas opiniões e seus conselhos não parecem estar fazendo diferença, seu filho pode se sentir rejeitado e se afastar dela. Porque a criança que se sente rejeitada não vai gostar de estar na presença de sua mãe e não estará aberta aos conselhos de seu pai, não lhes permitindo fazer parte da vida dela.

Algumas vezes, nossos filhos provarão sentimentos negativos sobre nós, quando vemos algumas das nossas qualidades negativas neles. Se não gostamos de nós mesmos, podemos transferir isso para eles de alguma

---

1. John Gottman. The Seven Principles for *Making Marriage Work: A Practical Guide from the Country's Foremost Relationship Expert* (Os sete princípios para fazer o trabalho da união: Um guia prático do maior especialista em relacionamentos do país). New York: Three Rivers Press, 1999.

forma. Será que eles sentirão falta de esperança em nós? Frustração pessoal? Quando nos vemos em nossos filhos, é realmente bom o fato de pensarmos que não temos de mudar, mas eles têm? Se pensarmos assim, é melhor estarmos pronto para explicar a nossa decisão quando os nossos filhos mais velhos nos confrontarem. Ou será que nós trabalhamos para mudar as mesmas questões que os nossos filhos? Se não o fizermos, isso será, naturalmente, mais difícil para eles também mudarem. Vamos precisar assumir as responsabilidades por isso.

Eu tive de reagir a esse tipo de mudança com o meu filho mais novo. Sou uma pessoa introvertida, que mantenho meus sentimentos guardados comigo. No passado, não fui muito hábil em identificar os meus sentimentos e tendência a eles. Às vezes, eu me encontro irritada por causa das emoções que se levantam dentro de mim. Isso também me impediu de ser vulnerável no meu casamento e com os meus filhos à medida que eles cresceram e ficaram mais velhos. Meu filho mais novo segue pelo mesmo caminho. Suas emoções ficam travadas dentro dele. Tanto ele quanto eu temos utilizado uma lista de sentimentos (ver anexo A) para descrever a forma como estamos nos sentindo. Deus está nos aperfeiçoando nessa área da comunicação dos nossos sentimentos, e tem sido mais eficaz fazermos isso juntos!

Quando nos vemos em nossos filhos, é normal não tentarmos mudar a nós mesmos, mas exigir que eles mudem?

Algumas das coisas que mais nos irritam provavelmente herdamos de nossos pais. Não deveria nos surpreender o fato de que os nossos filhos quase que certamente irão adquirir de nós qualidades positivas e negativas. É natural e automático. Se lutamos contra isso com negatividade ou raiva, pode ser um sinal de que estamos prontos para lidar com nossas próprias "coisas". Se reconhecemos que estamos despejando raiva sobre nossos filhos, precisamos pedir desculpas. Em seguida, um passo maduro é procurar ajuda.

O que acreditamos sobre a mudança é significativo também. Precisamos ver mudanças que sejam possíveis e até prováveis. É importante entender que melhorias são possíveis quando sabemos – e nossos filhos também sabem as crenças prejudiciais ou as atitudes e comportamentos – que elas devem ser substituídas por algo saudável. Efésios 4.22-24 nos ensina a nos livrarmos da nossa maneira antiga de viver, "que se corrompe por desejos enganosos", e a colocarmos nossos esforços em algo melhor "criado para ser semelhante a Deus em justiça e em santidade provenientes da verdade". O versículo 23 inclui a importante realidade de que a mente precisa ser renovada para a mudança acontecer. Estudar conceitos relevantes na Bíblia é uma ajuda poderosa nesse processo.[2]

Nós também precisamos falar mais sobre o comportamento positivo que queremos que os nossos filhos tenham do que sobre o comportamento negativo que eles já estejam mostrando. Isso ajuda a manter a comunicação mais positiva do que negativa. Joey e Carla Link, autores de *Why Can't I Get My Kids to Behave?* (Por que não consigo que meus filhos se comportem?), explicam o que significa "exaltar o bom" em um post na internet sobre como criar filhos de maneira positiva.

> Mostre aos seus filhos a direção que você quer que eles tomem. Em vez de dizer "Pare de bater em seu irmão!", tente algo como "Me diga uma maneira como você pode ser legal com o seu irmão". Depois de obter essa resposta, diga: "Você está disposto a fazer isso agora?" Direcioná-lo para fazer algo bom permite a você se acostumar com o hábito de dizer o contrário do que é negativo.
> Em vez de "Pare de correr dentro de casa!", tente "Por favor, apenas ande dentro de casa. Você pode correr à vontade no quintal".
> Em vez de "Por que você não pode fazer o que eu lhe pedi?", tente "Eu pedi a você que aspirasse o quarto. Quando você vai fazer isso?"

---

2. Para uma descrição detalhada de como usar as Escrituras para renovar a mente, veja o livro da Dra. Kathy: *Finding Authentic Hope and Wholeness* (Encontrando esperança autêntica e completa). Chicago: Moody Publishers, 2005, capítulo 5.

Em vez de "Nós estamos atrasados novamente. Por que você nunca está pronta na hora combinada?", tente "Faça uma lista de todas as coisas que você precisa fazer ao se preparar para sair de casa de manhã".[3]

Joey e Carla incentivam os pais a escreverem as coisas negativas que podem se lembrar de ter dito a cada um de seus filhos na semana anterior. Em seguida, sugerem que reformulem cada declaração de uma forma positiva.[4] Afinal, estamos "sendo aperfeiçoados" e temos muito a aprender sobre como exaltar o lado bom de nossos filhos.

O PAPEL DA COMUNICAÇÃO NA MUDANÇA

Pessoas saudáveis e famílias saudáveis se comunicam de forma positiva, honesta, completa e calma. Demonstramos respeito quando somos capazes de falar e ouvir. Isso ajuda a estabelecer o respeito como um padrão em nossos lares. Esse tipo de comunicação é também essencial para a transmissão de verdades e valores que ajudam nossos filhos a saberem por que estamos lhes pedindo que mudem determinadas atitudes e determinados comportamentos.

Se os seus filhos têm idade suficiente, compartilhe os conceitos a seguir com eles para estimular a comunicação. Quais eles gostariam que você trabalhasse em primeiro lugar? Quais eles mesmos gostariam de trabalhar inicialmente? Adolescentes dizem regularmente à Kathy que se sentem como se os pais tivessem um livro de regras para o jogo da vida, mas que os pais esperam que eles joguem bem, sem ler o tal "livro". Discussões sobre esses tópicos a seguir podem ajudá-los a entender o "livro de regras" para o jogo da vida.

---

3. Joey e Carla Link, post no blog: "Positive Parenting" (Parentalidade positiva), 27 de junho de 2013, www.jillsavage.org.

4. Joey e Carla Link. *Why Can't I Get My Kids to Behave?* (Por que não consigo fazer com que meus filhos se comportem?) (Bloomington, IN: WestBow Press, 2013).

Escolha uma atitude positiva e otimista

Crenças dirigem comportamentos. Podemos optar por acreditar que alguém pode mudar, deseja mudar e vai mudar. Podemos acreditar que seremos amados, aceitos e bem-sucedidos. Nossas atitudes são sempre uma escolha. Escolher acreditar de maneira positiva e otimista, mesmo que a última conversa sobre mudança tenha sido um tanto difícil, muda a nossa linguagem, as expressões faciais e as interações. Ficamos mais acolhedores, convidativos e mais abertos para ouvir. Assim, a mudança se torna mais provável.

Ouça para aprender

Talvez tenhamos caído no costume de ouvir apenas para julgar ou de ouvir esperando que alguém termine de falar, para que então possamos conversar. Escute mais, com toda a atenção. Os filhos não gostam de ser interrogados (olhe a palavra que eles usam!), por isso devemos ter cuidado ao enchê-los com perguntas, mesmo quando estamos preocupados com suas escolhas e seus comportamentos. Podemos até estar curiosos, mas não devemos aparentar desconfiança ou espírito crítico na forma como fazemos perguntas e recebemos as respostas. Os filhos podem interpretar nossas muitas perguntas como um sinal de que estamos tensos. Isso é uma das coisas que pode alimentar tendências perfeccionistas em nossos filhos. Tente algo como "Me conte um pouco mais" ou "Continue falando" ou "E, então?". Esses sinais são considerados mais respeitosos e facilitam a comunicação confiante.

Corrija as mentiras deles

Uma das razões pelas quais precisamos ouvir uns aos outros com cuidado é para que possamos corrigir suas mentiras, quando elas forem ditas. Se ouvirmos nossos filhos mentirem para si mesmos, devemos corrigi-los. Se não o fizermos e eles notarem que os ouvimos, pensarão que estamos de acordo com eles. Eles vão aceitar os rótulos e as identidades que dão a si mesmos como verdade, diminuindo a confiança de que podem ser alterados.

Por exemplo, se o seu filho tropeça e você o escuta murmurar algo como "Sou um idiota!", corrija-o imediatamente. Ele não é idiota porque tropeçou! Ele pode ter sido desajeitado naquele momento, distraído ou apressado. Talvez o canto do tapete estivesse virado para cima, e alguém teria tropeçado mais cedo ou mais tarde! Você não quer que seu filho pense que ele é um idiota. Isso simplesmente não é verdade. (Siga o mesmo conselho se você disser uma mentira a seu próprio respeito ou se você ouvir uma criança falar uma mentira sobre outra.)

Os filhos também podem mentir para si mesmos na direção oposta. Enquanto estão ao telefone com um amigo, você pode ouvir a sua filha declarar: "Eu sei. Eu também não posso fazer nada de errado." Esse ego inflado sinaliza uma perigosa crença, porque ela pode não ser mais ensinável ou pode entrar em pânico quando cometer um erro, uma vez que espera que isso nunca aconteça com ela.

Nosso poder não está no número de palavras que usamos. Longos discursos geralmente não são eficazes.

Há outros dois tipos de mentiras que podemos ouvir. Primeiro, certifique-se de que seu filho não acha que uma situação temporária é permanente. Se pensar assim, ele não será motivado para tentar melhorar e definitivamente se ressentirá quando você lhe perguntar sobre determinado assunto. Por exemplo, só porque eles têm problemas com uma lição de matemática, isso não significa que eles têm problemas com matemática em geral. Esse tipo de pensamento tudo-ou-nada não é verdadeiro, muito menos positivo. Certifique-se de praticar e exercitar isso em sua própria vida. A sua impaciência é permanente ou temporária? Como é que ele a ouve falar sobre isso? O comportamento provocador dele em relação ao irmão é permanente ou temporário? Quando uma situação for permanente, converse com ele sobre fazer uma escolha madura para mudar atitudes diante de coisas que não podem ser alteradas.

Um segundo tipo de mentira que deve ser corrigido é algo que diz respeito a forças e fraquezas. Se o ouvimos dizer que as fraquezas são culpa de outros e nunca dele, devemos querer conversar sobre esse assunto, usando a verdade. Se ele culpa seus irmãos cada vez que ficam em apuros, ele não estará preparado para ouvir a respeito da nossa preocupação sobre o seu comportamento. Não é verdade que os problemas de seu filho são culpa de todo mundo, e também não é verdade que suas conquistas pertencem a outros. Então, não deixe seu filho dar o crédito de seus sucessos a outros. Não queremos que nossos filhos desenvolvam orgulho, mas eles precisam saber o que estão fazendo para aperfeiçoar seus pontos fortes. De outra forma, eles podem não acreditar que são capazes de repetir suas conquistas e podem não reconhecer uma boa qualidade que conseguiriam usar para melhorar uma fraqueza. Por exemplo, um teste de matemática não foi fácil porque o professor estava de bom humor. Foi fácil porque sua filha prestou atenção à aula, perguntou quando não entendeu e levou a lição de casa a sério. Esses são comportamentos recorrentes que podem levar a novas ocasiões de sucesso quando ocorrerem novamente.

Fale o suficiente

Essa é uma lição que eu levei tempo para aprender. Iniciar uma conversa não como um discurso, mas como um diálogo. Como pais, o nosso poder não está no número de palavras que usamos. Crianças geralmente têm uma curta concentração e estão sempre em ritmo acelerado, logo, longos discursos não costumam ser muito eficazes na comunicação. Não são necessárias muitas nem poucas palavras, apenas a quantidade certa. Aqui vai uma dica: se você perceber que começou a se irritar, provavelmente está na hora de parar de falar e retomar a conversa em outra ocasião. Basta dizer: "Acho que já conversamos o suficiente sobre isso. Vamos pensar juntos sobre o assunto e retomá-lo amanhã."

Priorize ensinar, não apenas falar

Há uma enorme diferença entre ensinar os filhos o que fazer e dizer a eles o que fazer. Ensinar pode fazer nascer a esperança. Falar pode roubá-la. Muitos filhos dizem a Kathy que sabem o que seus pais querem que eles façam, mas que não sabem como fazer. Imagino que isso pode surpreender você. Às vezes, nossos filhos podem saber o que fazer e optar por não fazer, mas, muitas vezes, eles realmente podem não saber como começar a fazer o que é necessário. Observe. Veja. Ouça. Pergunte. Perceba.

Quando os meus filhos tinham idade suficiente para limpar um banheiro, eu os instruí sobre como fazer cada parte da limpeza usando palavras e demonstrando ao mesmo tempo, e então eu os deixava fazer sozinhos. Normalmente, eu lhes dava instruções verbais pelo menos duas vezes antes de deixá-los fazer algo por conta própria. Isso lhes deu poder para fazerem o trabalho direito e também definirem padrões de responsabilidade.

Ensinar exigirá mais palavras do que somente falar, mas ainda podemos ser cuidadosos e usar nossas palavras com sabedoria e no tempo certo. Essencialmente, nossos filhos precisam saber o que queremos e o que não queremos. O contraste entre certo e errado pode ajudá-los a descobrir quando estão errados e quais mudanças a fazer. Falar mais sobre o que nós queremos do que sobre o que eventualmente esteja errado certamente vai ajudar. Responder o que é, o que não é, quando, onde, por que e como dará mais clareza ao que queremos ensinar.

Por exemplo, eles sabem como ser eficientes consertando uma mesa ou simplesmente sendo o que você quer que eles sejam? Talvez suas constantes queixas sobre a maneira como eles guardam a roupa suja significa que eles realmente não entenderam suas instruções? Será que você apenas disse algo ou, de fato, ensinou? Você praticou isso junto com eles por um tempo? Por sua influência, eles têm um registro claro na mente, de tal forma que tenham absorvido o que você lhes ensinou?

Você vai me ajudar a mudar?

Punição nem sempre muda o comportamento dos filhos. Ensinar, modelar e dar continuidade podem provocar uma mudança real. Gritar certamente não funciona, mas a maioria de nós ainda se vale desse recurso. Michelle Duggar compartilhou em uma de nossas conferências que ela aprendeu a substituir os gritos por sussurros. Ela disse que mudou a dinâmica em sua casa. E pode ser muito desconcertante fazer contato visual e ao mesmo tempo dizer algo como: "Eu te amo demais para discutir com você. Você é muito importante para mim e seu coração é muito precioso. Vamos fazer uma pausa. Avise-me quando você estiver pronto para ser respeitoso comigo. Então vamos poder falar mais sobre as atitudes que queremos que você tenha com a sua irmã."

Recompensas nem sempre produzem mudanças permanentes. Elas funcionam melhor quando conectadas ao comportamento que você está tentando estabelecer. Por exemplo, se seus filhos não estão conseguindo brincar juntos de forma pacífica e ordeira, compre um jogo para os dois jogarem apenas quando seu comportamento melhorar. Se sua filha adora desenhar, mas está perdendo tempo demais com isso, dê a ela novos lápis de cor, apenas como uma recompensa para demonstrar a melhoria nas habilidades de gerenciamento de tempo dela. Embora recompensar os filhos possa ser necessário para eles começarem a se esforçar em mudar um determinado tipo de comportamento, é mais saudável surpreendê-los do que suborná-los. Dessa forma, eles saberão que suas escolhas certas e melhorias lhes renderam uma surpresa. Eles saberão que são capazes. Quando você os suborna, ainda que seja com boas intenções, eles podem pensar que realmente são incapazes e só melhoraram porque queriam receber a tentadora recompensa que prometemos. Mas, mesmo quando as consequências negativas e positivas funcionam sem instruções sobre como se comportar, é provável que os novos comportamentos ainda sem a devida firmeza não durem por muito tempo.

Corrija sem criticar

Quando nossos filhos estão errados, eles precisam de correção, e não de críticas. Nossas correções podem ser muito importantes para redirecionar as suas atitudes, as suas escolhas e os seus comportamentos. Criticar não ajuda em nada. É humilhante e pode sugerir que eles são um fracasso ou que estávamos esperando deles apenas a perfeição.

A crítica apenas aponta o que está errado. A correção coloca no rumo certo. Críticas são juízos negativos, sem quaisquer sugestões de como mudar. Correções incluem instruções. Declarações como "Você chama isso de terminar?", "Não acredito que você acabou de colocar isso lá!" e "Essa sua atitude é inaceitável" não passam de críticas improdutivas. É possível que, por intermédio da crítica, tenhamos dito a eles o que está errado sem, contudo, lhes ensinar a mudar.

No capítulo 6, nós compartilhamos uma afirmação com três formas de abordagens que podemos usar quando quisermos elogiar. Ser específico, como explicamos, ajuda a criar uma cultura encorajadora. Com pequenas adaptações, podemos usar a mesma "fórmula" quando quisermos corrigir, mas acrescentar uma quarta sugestão. Não use excessivamente essa proposta de correção, mas use apenas quando você precisar de um poder extra para incentivar seus filhos a acreditarem que eles não são um fracasso só porque estão fazendo algo errado.

1. "Você está sendo _____." (Verbalize uma qualidade negativa específica que você observou. A utilização da palavra "sendo" ajuda a sugerir que essa qualidade negativa é temporária, e não uma parte permanente do caráter da criança.)
2. "Eu sei por que _____." (Providencie as provas do que você viu ou ouviu acerca de um determinado problema de comportamento. Isso fará com que eles acreditem mais facilmente em você.)

3. "*Não* estou contente porque _____." (A razão pela qual você está triste com o comportamento de seus filhos pode motivá-los a mudar.)
4. "Por isso, _____." (Aqui é onde você deve promover instruções. Se você não incluir essa parte na equação, estará apenas criticando, e não corrigindo. Você não diz: "Portanto, você vai mudar!" Em vez disso, tente algo como: "Você poderia tentar isso da próxima vez: _____." Ou pergunte: "O que você acha que poderia ajudá-lo a fazer algo melhor da próxima vez que um problema semelhante a esse surgir?"

Deixe-me dar um exemplo: "Você está sendo descuidado. Sei disso porque observei alguns erros simples que você normalmente não cometeria. Não estou contente, porque já conversamos sobre fazer o seu melhor. Errar porque você está com dúvidas é uma coisa. Errar porque decidiu não ter o devido cuidado é outra coisa bem diferente. Amanhã, você vai começar a sua lição de casa mais cedo para termos certeza de que terá tempo suficiente para fazer todo o trabalho bem feito. Isso significa, é claro, que você terá menos tempo para os seus jogos."

Aqui está outro exemplo: "Você está reclamando muito ultimamente. Demonstrou sua insatisfação porque tinha espaguete para o jantar e então se queixou de não termos deixado que fosse comer em uma lanchonete. Você não apenas reclamou uma, mas várias vezes, como se nós não fôssemos capazes de ouvi-lo. Não ficamos contentes com a sua atitude, porque estamos tentando ensiná-lo a ser grato. E você sabe qual é a nossa política sobre as noites durante o período semanal de aulas: você ficará apenas em casa, a menos que haja uma atividade na escola ou na igreja. Ao pedir para comer fora, você demonstrou ignorar nossas diretrizes familiares. Estamos desapontados com as suas escolhas. Por favor, nos diga se alguma outra coisa está provocando suas queixas, porque queremos ajudá-lo. Enquanto isso, vamos pensar sobre a gratidão por tudo que temos nas próximas vinte e quatro horas e voltarmos a nos reunir amanhã à noite para falarmos sobre a razão de sempre darmos um alto valor a esse tipo de atitude em nossa família."

Todos nós podemos crescer na área de comunicação familiar: em nosso casamento, com os nossos filhos, em outro trabalho ou nas relações pessoais. Essa é uma área em que Deus faz sua obra de aperfeiçoamento ao longo da nossa vida. Quando aprendemos melhores habilidades interativas junto com os nossos filhos, isso os ajuda a saber que há uma vida de aprendizagem adiante para eles também.

CARÁTER CONTA MUITO

No livro *Não existem mães perfeitas*, um dos conceitos-chave que compartilhei é a importância de ajustar as expectativas para melhor adequação à realidade. Esse conceito é importante na erradicação do Vírus da Perfeição na vida dos pais também. Nós precisamos disso para ajudar nossos filhos na definição de metas adequadas. Isso lhes dará um objetivo para atingir e algo para buscar. Quando identificamos uma coisa que queremos mudar, há dois tipos de expectativas para deixar tudo mais claro e um tipo de expectativa para buscar. Vamos dar uma olhada nos três.

Ter expectativas com base nas habilidades não funciona

Quando se trata de expectativas referentes a habilidades é esperado dos filhos que atinjam um determinado resultado devido à sua capacidade natural. Essas expectativas seriam algo como: "Nós esperamos que sua apresentação no recital seja perfeita, considerando que você é talentoso" e "Sei que você pode tirar a nota máxima nessa prova. Você é muito inteligente". Aparentemente, essas expectativas servem para motivar os filhos, mas elas podem, na verdade, produzir o resultado inverso. As crianças podem ainda não ter todas as suas capacidades desenvolvidas. No entanto, elas têm controle sobre como usam as habilidades já adquiridas

– mas isso já é uma questão de caráter. Criar elevadas expectativas sobre as habilidades de alguém pode ser realmente muito perigoso. Ao agirmos assim, ensinamos nossos filhos a atribuir o seu sucesso à sua capacidade. Mas também os ensinamos a atribuir as falhas à sua falta de habilidade. Podem acreditar que falharam porque não são capazes. Se acreditarem nisso, eles não tentarão mudar.

As expectativas por resultados não funcionam

Com esse tipo de expectativa, deixamos claro aos filhos um resultado que esperamos que venham a obter. Expectativas por resultados seriam algo como: "Sei que você vai fazer parte da equipe de pesquisa e ciências do colégio" e "Você jogou muito bem. Esperamos que você vença o torneio". Mas os filhos não têm o controle sobre todas as circunstâncias que lhes permitam satisfazer essas expectativas. Isso pode ser assustador e frustrante para eles. Eles podem dar o melhor de si e ainda assim não entrar para a seleta equipe da escola nem ganhar o torneio. Eles podem fazer o seu melhor e, apesar disso, não cumprir as nossas expectativas. Outro pode se sair melhor no processo seletivo. Um importante jogador da equipe pode estar doente e isso ser a principal causa da derrota em um jogo decisivo. Essas expectativas sugerem que valorizamos apenas os resultados.

Metas sobre caráter funcionam

Quando você estabelece metas que exigem o uso do caráter, o seu filho se torna mais capacitado. Ele descobre que pode determinar seu próprio sucesso pelas escolhas que faz. Se ele alcança seus objetivos ou não, só depende dele mesmo. A forma como os outros fazem não determina se ele será bem-sucedido. Metas de caráter podem incluir: "Concentre-se mais, tentando aumentar a sua média de matemática nas próximas três semanas" ou "Queremos vê-lo trabalhar de forma independente em seu texto por mais tempo, antes de você pedir ajuda. Comece com pelo menos três parágrafos de sua história antes de nos consultar ou pedir ajuda com opções de palavras. Achamos que isso vai ajudá-lo a ganhar autoconfiança".

Seus filhos vão aprender como se envolver e buscar especificamente objetivos focados em caráter, porque eles têm as ferramentas internas para isso. Quando somos mais específicos com nossos filhos, há menos confusão. Além disso, esses objetivos nos permitem chamar a atenção para todo o processo que ocorre durante a aprendizagem, e não apenas o resultado obtido. Essa é outra razão pela qual metas focadas em caráter são mais eficazes do que expectativas por resultados ou habilidades.

Quando nossos filhos são pequenos, podemos lhes ensinar quais qualidades de caráter os ajudarão a ter sucesso. Quando crescerem, eles terão experiência suficiente para descobrir outras qualidades por conta própria. Nosso encorajamento e nosso incentivo no cultivo e no desenvolvimento de um caráter excelente os ajudarão. Eles podem precisar ser diligentes, pacientes, focados, positivos, cuidadosos, otimistas, persistentes e comprometidos com a excelência. Existem muitas qualidades de caráter que você ainda desejará alcançar, e por isso disponibilizamos uma lista delas no apêndice D para ajudá-lo na definição de suas metas. Se o seu desejo é o estabelecimento de metas de caráter como parte da identidade de sua família, é importante começar a conversar sobre isso desde cedo com os filhos.

Quando seus filhos conseguirem alcançar suas metas de caráter, muito provavelmente eles vão alcançar quaisquer bons resultados, independentemente das expectativas que poderíamos ter definido para eles. Essa é apenas uma maneira saudável de alcançar o sucesso que queremos ensiná-los a valorizar. Quando não conseguirem o resultado almejado, eles não serão esmagados pelo fracasso. Em vez disso, saberão que têm o poder de tomar decisões diferentes da próxima vez.

Há algum tempo, nós atestamos isso com Kolya, que agora está ingressando no mercado de trabalho. A integridade tem sido uma enorme meta de caráter que tenho trabalhado com ele há algum tempo. Agora que está procurando emprego, fazendo entrevistas e tendo seu currículo avaliado, ele está começando a entender o valor da integridade. Ocorreram vários lapsos de integridade em sua vida ao longo dos últimos anos que poderiam ter lhe rendido até uma passagem pela polícia. No entanto, seus erros nunca chegaram ao ponto de o levarem à justiça. O traço de caráter da integridade agora é muito real para ele, que finalmente está percebendo que é o único que pode alcançar esse objetivo.

Em nossa cultura tecnológica, estabelecer metas de caráter é especialmente relevante. Elas são uma maneira eficaz de ensinar algumas das qualidades que nossos filhos precisam ter na vida:

- Diligência: como a tecnologia torna as tarefas mais fáceis (por exemplo, copiar e colar, verificação ortográfica, sites de busca) e nossos filhos também se beneficiam amplamente dela, a diligência pode se tornar uma qualidade não tão valorizada por eles. Converse com eles sobre não se sentirem tolos quando tiverem de ser diligentes na execução de uma longa e tediosa tarefa que precisam realizar. Ensine-os a trabalhar diligentemente para oferecerem o seu melhor, valorizando o que fazem. (O mesmo vale para nós. É possível que não tenhamos perseverado no trabalho de auxiliar nossos filhos a melhorarem em alguma área da vida, porque também compramos a falsa ideia de que a tecnologia tornaria tudo mais fácil?)
- Trabalho duro: a tecnologia nos faz lidar com os erros de maneira fácil. Nossos filhos podem desfazer erros de escrita rapidamente, podem cancelar mensagens que decidem não mais compartilhar em redes sociais mesmo depois de digitá-las, podem corrigir e editar fotos e basta desligar algo e voltar a ligar para que seu funcionamento seja normalizado. Portanto, eles podem ter dificuldades de investir longo tempo para fazer melhorias. Converse com eles sobre o fato de

que, na realidade, eles não podem autocorrigir a vida deles, e por isso alguns que aprenderam comportamentos negativos levarão certo tempo e esforço para conseguir mudar, e alguns erros terão consequências que durarão algum tempo. Precisamos ter certeza de que estamos também moldando essa consciência.

- Perseverança: ganhar é fácil em aplicativos e jogos. Nesses casos, dificilmente perdemos. Podemos alcançar uma pontuação baixa ou alta, mas somos menos propensos a pensar em derrota. Vencer é uma função do tempo. Em nossos dias, não é incomum alguém sair no meio de um jogo por se sentir insatisfeito com uma baixa pontuação. Os filhos podem se sentir desconfortáveis se acham que não estão fazendo algo bem feito. Eles podem abandonar o colégio para não terem de lidar com sentimentos negativos. Perseverar na vida pode ajudá-los a superar essa mentira tecnológica que os cerca.
- Autoavaliação: por causa dos jogos e das competições que assistem em programas de TV, nossos filhos esperam que alguém lhes diga como estão indo. Como resultado, eles podem não desenvolver a habilidade de criticarem a si mesmos. Eles podem não ser capazes de identificar quando devem mudar e como mudar. Desenvolver suas habilidades autocríticas pode ajudar.

ESTRATÉGIAS PARA FACILITAR A MUDANÇA

Ajudar nossos filhos a mudar é um dos papéis mais importantes que temos. Certifique-se de que eles notem nosso amor e cuidado pela vida deles, mesmo enquanto estamos falando sobre o que queremos que eles mudem, o que pode ser bem delicado. Amá-los pelo que são não significa que não esperamos mais deles. Na verdade, com isso comunicamos nossa fé de que eles podem mudar para melhor.

Além de uma boa comunicação e de ajudar os nossos filhos a estabelecerem metas realizáveis, relevantes e específicas, há algumas outras estratégias sábias que podem também tornar a mudança mais fácil.

Busque uma solução que seja boa para eles e para você
Preferencialmente, exceto para questões de segurança, evite apontar os erros que você vê em seus filhos pequenos até que seja capaz de ajudá-los a mudar. Caso contrário, você vai apenas criticar. Muitas vezes nós falamos algo como: "Não faça isso." Alguns minutos se passam e falamos: "Eu disse, não faça isso." Mais tarde, naquele mesmo dia, dizemos: "Eu estou cansada de você! Já lhe disse para não fazer isso!"

Ouça e veja mais. Pergunte a si mesma: Quem está aí? Que hora do dia é isso? Que tipo de dia ele teve? Que tipo de dia eu tive? Isto é algo que me irrita, mas a minha filha não sente da mesma forma? Para ela mudar, seu irmão terá que mudar também? Quando eu vou falar com ele? Qual seria uma solução possível para mudar sua atitude e seu comportamento? Como eu poderia mudar a minha atitude? Tempo? Silêncio? Atenção? Compreensão? Uma qualidade de caráter? Instrução? Uma nova estratégia? Quando nossos filhos sabem que vamos examinar a nós mesmos, e não apenas eles, *e que vamos procurar soluções, e não somente apontar os problemas, eles serão mais receptivos e abertos ao diálogo.*

Espere que seus filhos peçam ajuda específica
Quando as crianças se queixam de alguma coisa ou dizem que não entendem ou não conseguem, ensine-as a pedir ajuda de uma maneira especial. Por exemplo, se seu filho se queixa de dificuldade para escrever algo, podemos pensar que ele precisa de ajuda com o conteúdo ou com a organização de seu texto. Mas todos os filhos podem precisar de auxílio com a ortografia. Previna esse drama e os ensine a pedir ajuda de maneira específica. Em seguida, evite oferecer ajuda até que eles peçam.

Responda bem quando disserem: "Eu não consigo!"

Seus filhos costumam dizer "Eu não consigo!", em tom de lamento, enquanto enfrentam dificuldades com algum trabalho escolar, tentam tocar um instrumento musical ou realizam suas obrigações diárias? Talvez até acrescentem: "Eu sou um lixo!" Há duas maneiras úteis de responder quando isso acontecer.

Se você perceber por que eles estão se esforçando, mas que, de fato, apresentam dificuldades reais naquele momento, algo que você precisa aprender a aceitar e respeitar, não faça disso um problema maior do que realmente é. Nossos filhos, especialmente quando ainda são muito novos, apresentam dificuldades de compreensão. Uma boa maneira de responder nesses casos seria: "Sim, você está certo. Eu não dei a você o novo produto de limpeza que comprei para facilitar neste trabalho. Me desculpe. Aqui está!", ou "Vejo que está com problemas. Deixe-me ajudá-lo buscando mais papel."

A outra estratégia para implementar quando dizem "Eu não consigo" é responder calmamente com a pergunta: "O que você pode fazer, então?" Mantenha um tom de voz respeitoso e calmo em sua resposta. É provável que você o surpreenda. Você falará respeitosamente porque estará respondendo ao que ouviu. Quando eles não respondem, basta perguntar de novo: "O que você pode fazer?" Então escute. Talvez sua filha responderá: "Não consigo encontrar a esponja." Nessa hora, você pode responder: "Isso é o que você não pode fazer. Eu perguntei: 'O que você pode fazer?'" Então, é possível que ela responda: "Tudo bem. Entendi. Eu não procurei direito em todos os lugares possíveis." Talvez o seu filho dirá: "Não aguento mais praticar essa mesma música." Então, responda: "Eu perguntei o que você pode fazer?" Possivelmente ele tentará essa estratégia: "Ok! Mas posso praticar apenas mais cinco minutos?" A sua resposta terá de ser firme: "Não, o seu professor espera que você pratique trinta minutos por dia. Então, você tem que praticar por mais quinze minutos ainda até acabar. Se você não tivesse parado para reclamar, já teria acabado. Agora, retorne à sua tarefa e vá até o fim."

Aponte as razões para que eles queiram melhorar
Eventualmente, alguns filhos dizem à Kathy que se sentem como se não fizessem nada certo. Quando escutam seus pais pedindo constantemente que melhorem ou mudem (Que é o que escutam, especialmente se os pais são muito exigentes), eles não sabem por onde começar. Essa é outra razão pela qual a nossa linguagem precisa ser clara.

Quando for a hora certa, sente-se com eles e tenha uma conversa direta. Informe aos seus filhos o que preocupa você. Explique as razões pelas quais determinada questão é um problema. Uma única razão pode ser o suficiente para motivá-los. Muitas razões podem ser esmagadoras e aumentar o desânimo. Pergunte aos filhos no que eles estão dispostos a trabalhar. "Nada" não é uma resposta aceitável, mas esteja aberta à sugestão deles por outra coisa que você talvez não tenha ainda considerado. Poder escolher é um privilégio, portanto, se eles se queixam, simplesmente escolha por eles e exerça sua autoridade. Se eles escolherem, a motivação e o foco provavelmente crescerão.

Após essa etapa, observe as melhorias naquelas áreas específicas e, de tempos em tempos, volte aos outros tópicos que ainda necessitam de progresso. Muitas vezes, o simples falar, calmo e direto, será suficiente para que seus filhos trabalhem nos problemas que você espera que melhorem. Se eles não parecem motivados porque algo não representa um bom negócio para eles, fale mais uma vez e ensine a eles a diferença entre o bom e o melhor. Deixe claro que você não está esperando perfeição, mas que tem certeza de que avanços podem ser feitos. Quando o progresso acontecer, pergunte-lhes como se sentem. Mantenha os filhos conscientes de que a satisfação emocional de melhoria e de fazer o bem pode ajudá-los a chegar mais bem preparados para outros desafios.

Ensine a eles que pontos fortes são relevantes para superar problemas

Os filhos precisam ter consciência dos seus pontos fortes e de sua capacidade. Eles também precisam saber quais pontos fortes podem utilizar para resolver determinado problema que estejam enfrentando. Eles nem sempre sabem. Esse é, mais uma vez, um momento em que a nossa observação pode ajudar.

Por exemplo, os filhos que leem com desenvoltura podem ler em voz alta para se lembrarem de detalhes de seus exercícios de história. Talvez você esteja preocupado com o egoísmo crescente de sua filha. Converse com ela sobre como compartilhar suas estratégias de memorização e raciocínio lógico com outras pessoas. Ela pode descobrir que ajudar os outros produz uma sensação boa. Ajude-os a ver como as qualidades que estão descobrindo em si mesmos podem ser aplicadas em outras situações e para outras tarefas.

Permita que os filhos lutem e se decepcionem

Ao longo destas páginas, você encontrou muitas sugestões destinadas a ajudá-la a aceitar e amar seus filhos por quem eles são. Nós também sugerimos muitas ideias, atitudes e ações que você precisa ter e usar a fim de auxiliar seus filhos a terem sucesso na superação dos muitos desafios que a vida impõe. Nosso objetivo é incentivá-la a ajudar seus filhos a se tornarem tudo o que Deus destinou para a vida deles, quando os escolheu em seu amor e os criou de modo peculiar.

No meio de todo incentivo, você também deve permitir que seus filhos lutem e sofram para que possam aprender a lidar bem com a decepção, apesar do porto seguro que encontram em casa. Sim, você leu certo. Se nós protegermos nossos filhos da dor, eles não saberão como lidar com isso. Vão optar por evitar todas as lutas e desafios. Em determinado momento da vida, eles deixarão de crescer emocionalmente. Então, quando um dia experimentarem erros, falhas e dores emocionais, eles podem, simplesmente, desmoronar. E também serão mais dependentes de nós durante a vida adulta. (Esse fato sozinho deve motivar-nos a deixá-los lutar na maior parte das ocasiões!)

Nossos filhos precisam experimentar as consequências naturais dos seus erros. Isso pode motivá-los a querer mudar. O que você acha que é um problema, eles também precisam ver como oportunidade. Essa percepção só pode acontecer se você não os socorrer de todos os resultados negativos. Eles precisam sentir alguma dor.

Por exemplo, se terminarmos a lição de casa para eles porque perderam tempo no início da noite, eles não serão motivados a aprender sobre a gestão do próprio tempo. Se estivermos sempre fazendo a sombra da nossa presença notada, nossos filhos não terão de se preocupar com as decisões que tomarem. Nem mesmo precisarão pensar seriamente a respeito de nada. Eles sabem que estaremos ali para protegê-los e consertar quaisquer problemas causados por eles. E, se formos honestos, reconheceremos que muitas das habilidades e relações que possuímos hoje foram o resultado de muita luta e superação, além dos muitos tropeços que tivemos de experimentar. Não queremos roubar de nossos filhos essas mesmas experiências.

ORE MUITO!

Sabemos que falar com Deus é importante. Deus dá força aos fracos e sabedoria para aqueles que a pedem (Isaías 40.29; 2Coríntios 12.9; Tiago 1.5). Ele nos capacita a amar nossos filhos, mesmo quando não nos dão motivos para isso. A mudança se torna mais fácil quando você ora por si mesma e por seus filhos.

Oração é simplesmente conversar com Deus. Não há nenhuma fórmula para a oração. Não são necessárias palavras especiais. Basta abrir o coração e falar honestamente com Deus. Conte-lhe as preocupações. Diga-lhe pelo que você é grata. Peça-lhe sabedoria e direção e não tenha medo de ser específica. De que tipo de ajuda você necessita? Que tipo de crescimento você deseja para a vida de seus filhos? Deus ouve as orações e responde a elas sempre da melhor forma. Se você precisar de alguma ajuda prática sobre como orar especificamente por seus filhos, verifique no apêndice C, onde ensinamos como você pode usar a Palavra de Deus para orar por uma criança, e o apêndice D, que fornece uma lista de qualidades de caráter pelas quais você pode optar por orar por aquela criança. Isso lhe dará um ótimo ponto de partida para começar a orar pelo seu filho.

Claro, a oração mais poderosa a se fazer é a que provavelmente menos quero orar: "Deus, mude-me." Algumas vezes, quando há conflito entre meu filho e eu, não é ele quem precisa mudar. Sou eu que necessito de mudança. Minha atitude. Minha paciência. Minha perspectiva. Minhas palavras. Meu tom de voz. Meu espírito crítico. Minha raiva. Ter a coragem de fazer essa oração e permitir que Deus faça a sua obra perfeita sobre você mudará a dinâmica relacional entre você e seu filho.

Haverá momentos na relação em que o seu desapontamento será real. Fale com Deus sobre isso. Ele entende, afinal muitas vezes os seus filhos também o desapontam. Seus medos sobre os seus filhos podem ser reais. Deus se preocupa com isso também.

Você pode precisar orar a cada dia: "Deus, me ajude a aceitar os meus filhos como são." Ou, como Kathy muitas vezes diz brincando com seu público, talvez a sua oração, por vezes, será: "Deus, me ajude a estar sempre disposta a aceitar meus filhos como eles são."

O PROCESSO DE SER APERFEIÇOADO

Nós cobrimos uma parte do problema nas páginas deste livro. Espero que você seja capaz de dizer que, de alguma forma, já não é mais a mesma pessoa que iniciou esta leitura. Nossa oração é para que a sua compaixão tenha aumentado, a sua percepção esteja mais afiada, a sua habilidade de aceitar tenha se expandido e a sua capacidade de amar incondicionalmente tenha crescido.

Você vai me ajudar a mudar?

Mudar se refere a um tipo de troca. Nós substituímos uma coisa por outra. E se trocássemos "ser perfeito" por "ser aperfeiçoado"? E se realmente formos capazes de aceitar que o imperfeito faz parte de nossa vida e é contrabalançado com a realidade de um Deus perfeito que anseia por brilhar a sua luz por intermédio das lacunas de nossa vida? E se começarmos a acreditar que nós, e também nossos filhos, estamos "sendo aperfeiçoados"?

Quando deixarmos de buscar a "perfeição" e realmente aceitarmos o processo de "aperfeiçoamento" conduzido por Deus, vamos experimentar o contentamento e a liberdade que, lá no fundo do coração, sempre almejamos. Vamos nos contentar em sermos nós mesmos e permitiremos que os nossos filhos sejam eles mesmos. Não iremos desejar nada mais do que aquilo que já temos. E, o mais importante, encontraremos, nós e nossos filhos, a liberdade da autenticidade.

Quando comecei a aceitar o trabalho de aperfeiçoamento de Deus em minha própria vida, parei de me preocupar com o que as pessoas pensavam a meu respeito. Quando parei de me preocupar com o que as pessoas pensavam, deixei de ser controladora. Quando parei de ser controladora, aumentei minha capacidade de influenciar meus filhos usando os antídotos contra o Vírus da Perfeição: compaixão, percepção, aceitação e amor. Abandonar o Vírus da Perfeição na minha vida como mãe produziu liberdade e contentamento em meu relacionamento com meus filhos muito bem criados e perfeitamente imperfeitos.

Kathy e eu esperamos que este livro ajude você a deixar para trás o Vírus da Perfeição em seu relacionamento com seus filhos. Claro, você não vai fazer isso perfeitamente sem cometer deslizes e erros. Você retornará aos velhos hábitos em alguma ocasião. Mas, quando o fizer, admita o seu erro e avance na graça. E agradeça a Deus pela jornada de "ser aperfeiçoada".

Enquanto você aprende a amar seus filhos por quem eles são, as questões principais que internamente eles perguntam agora terão respostas claras:

Sim, eu gosto de você como você é.
Sim, você é muito importante para mim.
Sem sombra de dúvidas, você é único.
Você é uma linda criação de Deus.
Você não é um fracasso de forma alguma.
Você tem um valor incalculável e um propósito para sua vida.
Sim, eu estou sendo aperfeiçoada, e você também. Fico feliz por experimentarmos isso juntos.

NÃO EXISTEM FILHOS PERFEITOS... MAIS

𝒮entindo AS PALAVRAS[1]

Esta lista a seguir pode ajudar seus filhos a identificarem detalhadamente os sentimentos que estão tendo e que fundamentam certos comportamentos. Usá-los pode ampliar o vocabulário emocional deles. E isso pode ser especialmente valioso para os meninos que têm muita sensibilidade emocional para a vida, mas que possuem um vocabulário mais limitado para explicar seus sentimentos. Por exemplo, quando um dos filhos lhe disser que está "feliz", você poderá lhe mostrar todas ou algumas das palavras sinônimas para "feliz" e pedir que ele escolha uma ou duas que descrevam com precisão os sentimentos dele naquele momento.

---

1. Material desenvolvido pela Dra. Kathy Koch.

FELIZ
Festivo
Jubiloso
Inspirado
Alegre
Animado
Despreocupado
Empolgado
Radiante
Contente
Bem-disposto

CONTENTE
Satisfeito
Confortável
Sereno
Tranquilo
Grato
Abençoado
Realizado

ESTIMULADO
Destemido
Encorajado
Jubiloso
Enlevado
Entusiasmado
Confiante

TRISTE
Aflito
Desalentado
Caído
Infeliz
Deprimido
Sombrio
Desanimado
Chateado
Melancólico
De coração pesado
Abatido
Carrancudo
Entediado
Rabugento
Intratável
Constrangido
Desencorajado

CONFUSO
Inseguro
Angustiado
Nervoso
Hesitante
Duvidoso
Envergonhado
Intrigado
Perplexo
Paralisado
Incompreendido

FERIDO
Ressentido
Sofrido
Doído
Prejudicado
Inconsolável
Digno de pena
Afligido
Preocupado
Doente
Esmagado
Desesperado
Devastado
Sozinho
Abandonado

IRADO
Ressentido
Irritado
Descontrolado
Furioso
Aborrecido

Sentindo as palavras

Provocado
Indignado
Enfurecido
Ofendido
Traído
Enganado

RECEOSO
Inerte
Temeroso
Assustado
Apreensivo
Aterrorizado
Em pânico
Alarmado
Chocado
Horrorizado
Preocupado
Desconfiado
Consternado
Amedrontado
Tremendo
Ameaçado
Duvidoso

BRAVO
Encorajado
Corajoso
Seguro
Ousado
Heroico
Autoconfiante
Empreendedor
Determinado
Certo
Forte
Entusiasmado
Confiante
Destemido

DUVIDOSO
Descrente
Cético
Desconfiado
Duvidoso
Incerto
Questionando
Vacilante
Indeciso
Inseguro

ANSIOSO
Inquieto
Tenso
Frustrado
Envergonhado
Nervoso
Agitado
Preocupado
Estressado
Palpitante

SURPRESO
Atônito
Boquiaberto
Atordoado
Admirado
Abalado
Chocado
Perplexo

NÃO EXISTEM FILHOS PERFEITOS... *MAIS*

𝒯arefas APROPRIADAS À IDADE DOS FILHOS[1]
Por Sheila Seifert

Quais tarefas são importantes para seus filhos aprenderem e quais eles são capazes de executar?

Em primeiro lugar, reconheça a diferença entre uma tarefa (uma ação contínua que beneficia toda a família) e uma habilidade para a vida (uma atividade que os filhos devem saber realizar antes de viverem por conta própria, tais como a administração de uma conta bancária). A lista a seguir não inclui habilidades para a vida, mas apenas uma lista de tarefas.

Em segundo lugar, lembre-se de que cada criança amadurece num ritmo próprio. Adapte este quadro para o que você sabe sobre as habilidades e os talentos de seus filhos e saiba antecipadamente que nenhuma criança deve fazer todas as tarefas listadas abaixo todos os dias.

---

1. Extraído do artigo "Age-Appropriate Chores" (Tarefas apropriadas à idade), por Sheila Seifert. Copyright© 2009, Focus on the Family. Usado com permissão.

Com essas informações em mente, aqui estão algumas orientações, em linhas gerais, para as tarefas pessoais e familiares. Esta lista serve apenas como um guia e reflete os tipos de tarefas que muitos filhos nessas faixas etárias são capazes de realizar:

IDADES 2 E 3
Tarefas pessoais

- Ajudar na arrumação de suas camas
- Organizar os brinquedos (com supervisão)

Tarefas familiares

- Colocar a roupa suja no cesto apropriado
- Encher as vasilhas de água e de alimentos para um animal de estimação (com supervisão)
- Ajudar os pais na limpeza da sujeira
- Limpar a poeira

IDADES 4 E 5
Nota: Crianças nesta idade podem ser ensinadas a usar uma planilha de tarefas familiares.

Tarefas pessoais

- Vestir-se com o mínimo de ajuda dos pais
- Arrumar a cama com o mínimo de ajuda dos pais
- Trazer suas coisas do carro para casa

Tarefas familiares

- Pôr a mesa (com supervisão)
- Limpar a mesa (com supervisão)
- Ajudar os pais a preparar as refeições

- Ajudar os pais a carregar as compras mais leves
- Colocar as meias sujas na máquina de lavar
- Atender ao telefone com a ajuda dos pais
- Responsabilizar-se pela tigela de comida e água de um animal de estimação
- Pendurar as toalhas no banheiro
- Passar pano para limpar o chão

IDADES 6 E 7

Nota: Nesta idade a criança já pode ser orientada por um gráfico de tarefas familiares.

Tarefas pessoais
- Arrumar a cama todos os dias
- Escovar os dentes
- Pentear o cabelo
- Escolher a roupa do dia e se vestir
- Escrever pequenos recados (com supervisão)

Tarefas familiares
- Ser responsável por dar água, alimentar e passear com o animal de estimação
- Passar aspirador de pó nos quartos
- Passar pano no chão dos quartos
- Dobrar a roupa limpa antes de ser guardada (com supervisão)
- Distribuir a roupa nas gavetas de seu armário
- Ajudar a lavar a louça
- Ajudar a preparar as refeições (com supervisão)
- Colocar o lixo no lugar certo
- Atender ao telefone (com supervisão)

IDADES 8 E 11

Nota: Esta idade se beneficia, em geral, da planilha de controle de tarefas familiares.

Tarefas pessoais

- Cuidar da higiene pessoal
- Manter o quarto limpo
- Ser responsável pelos trabalhos escolares de casa
- Ser responsável por seus pertences
- Escrever notas de felicitação nos presentes
- Acordar usando um despertador

Tarefas familiares

- Lavar a louça
- Lavar o carro da família (com supervisão)
- Preparar algumas refeições mais fáceis, por conta própria
- Limpar o banheiro (com supervisão)
- Limpar o quintal
- Aprender a usar a máquina de lavar e secar roupas
- Guardar toda a roupa nos lugares devidos (com supervisão)
- Levar o lixo para fora para que seja recolhido
- Verificar se as portas estão trancadas antes de dormir, ao menos uma vez por mês (com supervisão)
- Atender a telefonemas e anotar recados quando for necessário

IDADES 12 E 13

Tarefas pessoais

- Cuidar da higiene pessoal, de pertences e da lição de casa
- Escrever listas de compras e cartões de aniversário
- Programar o despertador diariamente

Tarefas apropriadas à idade dos filhos

- Cuidar de itens pessoais, tais como recarregar baterias de aparelhos eletrônicos
- Trocar os lençóis da cama
- Manter o quarto arrumado e fazer uma faxina "pesada" a cada ano

Tarefas familiares
- Trocar lâmpadas queimadas
- Limpar o aspirador de pó
- Varrer o chão, passar aspirador de pó, limpar banheiros e lavar pratos
- Limpar os espelhos
- Cortar a grama (com supervisão)
- Tomar conta de crianças menores
- Preparar uma refeição em família ocasionalmente

IDADES 14 E 15
Tarefas pessoais
- Ser responsável por todas as tarefas pessoais para as idades de 12 e 13 anos
- Ser responsável pelo cartão de sócio do clube ou da escolinha de futebol

Tarefas familiares
- Fazer as tarefas domésticas sem a necessidade de ser cobrado
- Limpar o quintal, quando necessário
- Tomar conta de crianças menores
- Preparar refeições, fazer a lista de compras e comprar os itens (com supervisão) para servir uma refeição para a família, de vez em quando
- Lavar as janelas (com supervisão)

IDADES ENTRE 16 E 18
Tarefas pessoais

- Ser responsável por todas as tarefas pessoais para as idades de 14 e 15 anos
- Ser responsável por ganhar dinheiro para pequenos gastos pessoais
- Ser responsável pela compra de suas próprias roupas
- Ser responsável pela manutenção da bicicleta que utiliza (por exemplo, pneu, óleo lubrificante etc.)

Tarefas familiares

- Fazer trabalhos domésticos, quando necessário
- Limpar o quintal, quando necessário
- Preparar alimentos, fazer a lista de compras e comprar os itens (com supervisão) para servir uma refeição em família, de vez em quando
- Fazer a limpeza adequada nos eletrodomésticos da casa, tais como descongelar a geladeira, quando necessário

NÃO EXISTEM FILHOS PERFEITOS... *MAIS*

COMO *orar* POR SEUS FILHOS USANDO VERSÍCULOS DA BÍBLIA[1]

Os céus e a terra passarão, mas as minhas palavras jamais passarão.
Marcos 13.31

ORE PARA QUE O SEU FILHO...
Seja salvo

    E darei a _____ um coração não dividido [um novo coração] e porei um novo espírito dentro dele; retirarei dele o coração de pedra [endurecido] e lhe darei um coração de carne [sensível ao toque de Deus]. (Adaptado de Ezequiel 11.19)

Volte para o Senhor

    Que o SENHOR dê a _____ um coração novo e ponha um espírito novo em _____; tire de _____ o coração de pedra e dê

---

1. Todos os direitos reservados. Moms in Prayer International, 2013. Usado com permissão.

a _____ um coração de carne.
(Adaptado de Ezequiel 36.26)

Tenha coragem em tarefas difíceis

Que _____ seja forte e corajoso! Mãos ao trabalho! Não tenha medo nem desanime, pois Deus, o SENHOR, o meu Deus, está com _____. Ele não deixará nem abandonará _____ até que se termine toda a construção do templo do SENHOR.
(Adaptado de 1Crônicas 28.20)

Ande em fidelidade e devoção

Lembra-te, SENHOR, de como _____ tem te servido com fidelidade e com devoção sincera e tem feito o que tu aprovas.
(Adaptado de Isaías 38.3)

Não desista

Que _____ não se canse de fazer o bem, pois no tempo próprio colherá, se não desanimar.
(Adaptado de Gálatas 6.9)

Tenha um espírito manso

Portanto, como povo escolhido de Deus, santo e amado, que _____ se revista de profunda compaixão, bondade, humildade, mansidão e paciência.
(Adaptado de Colossenses 3.12)

Permaneça firme

Que _____ esteja sempre batalhando por vocês em oração, para que, como pessoas maduras e plenamente convictas, continuem firmes em toda a vontade de Deus.
(Adaptado de Colossenses 4.12)

Seja um pacificador

Que _____ possa ser um pacificador que semeia a paz e colhe o fruto da justiça.
(Adaptado de Tiago 3.18)

Submeta-se a Deus e resista ao Diabo

Que _____ submeta-se a Deus e resista ao Diabo, porque assim ele fugirá de _____.
(Adaptado de Tiago 4.7)

Não tenha medo

Então _____, seja forte e corajoso. Não tenha medo nem fique apavorado por causa delas, pois o SENHOR, o seu Deus, vai com vocês; nunca os deixará, nunca os abandonará.
(Adaptado de Deuteronômio 31.6)

NÃO EXISTEM FILHOS PERFEITOS... *MAIS*

QUALIDADES DE *caráter* PARA SEREM DESENVOLVIDAS EM SEUS FILHOS[1]

ADORAÇÃO: Sempre honrar e reverenciar a Deus.

ALEGRE: Expressando incentivo, aprovação ou congratulações no momento adequado.

ALEGRIA: Optar sempre pela alegria, júbilo e otimismo.

ALERTA: Estar bem ciente dos eventos que ocorrem à minha volta para que eu possa ter as respostas certas para eles.

AMIZADE: Caminhar ao lado de outra pessoa para o apoio mútuo e encorajamento.

AMOR: Possuir apego pessoal e profunda afeição por outra pessoa.

---

1. Adaptado de várias fontes, incluindo o The Institute in Basic Conflicts, the Character First! Program, The Character of Jesus (Instituto de conflitos básicos, o caráter primeiro! Programa, o caráter de Jesus), por Charles Edward Jefferson (Hong Kong: Forgotten Books, 2012) e o ensino de Bruce Bickel. Reproduzido de Character That Counts: Who's Counting Yours? (Caráter que conta: quem está contando o seu?), 2012, por Rod Handley. Usado com permissão de Cross Training Publishing, Omaha, Nebraska. Todos os direitos reservados. Para cópias, acesse www.characterthatcounts.org ou www.crosstraining-publishing.com.

ARREPENDIMENTO: Humildemente reconhecer quando estiver aquém do padrão de Deus e buscar o seu perdão para fazer as coisas certas.

ATENÇÃO: Mostrar o valor de uma pessoa ou tarefa, dando toda a minha concentração e esforço.

AUTENTICIDADE: Ser exatamente quem pretendo ser com honestidade e transparência.

AUTOCONTROLE: Ter pensamentos, palavras, ações e atitudes sob constante domínio a fim de beneficiar os outros.

BENEVOLÊNCIA: Suprir as necessidades de outros sem expectativas de recompensa pessoal.

BONDADE: Buscar excelência moral e uma vida virtuosa, a qualidade geral da conduta adequada.

BONDADE: Demonstrar uma atitude gentil e simpática para com todos.

COMPAIXÃO: Investir o que for necessário para curar as feridas de outros pela vontade de assumir a sua dor.

COMPREENSÃO: Falar a verdade sempre que ela deva ser falada.

COMPROMISSO: Dedicar-me ao acompanhamento de minhas palavras (Promessas, promessas ou promessas) com a ação.

CONEXÃO: Relacionar-me com os outros de maneira autêntica, evitando o isolamento.

CONFIANÇA: Colocar plena confiança e fé na confiabilidade de uma pessoa ou coisa.

SEGURANÇA: Seguir com o que sei ser necessário fazer mesmo que isso signifique sacrifício inesperado.

CONHECIMENTO: Familiarizar-me com os fatos, as verdades e os princípios por intermédio do estudo e da investigação.

CONSISTÊNCIA: Seguir constantemente os mesmos princípios, curso ou forma em todas as circunstâncias.

CONTENTAMENTO: Aceitar-me como Deus me criou com meus dons, talentos, habilidades e oportunidades.

Qualidades de caráter para serem desenvolvidas em seus filhos

CORAGEM: Cumprir as minhas responsabilidades e seguir minhas convicções, apesar do medo.

CRIATIVIDADE: Buscar novas e inovadoras perspectivas para atender a uma necessidade, realizar uma tarefa ou desenvolver uma ideia.

CRITÉRIO: Reconhecer e evitar palavras, ações e atitudes que possam resultar em consequências indesejáveis.

CUIDADO: Capacidade de estar alerta em uma situação.

DEFERÊNCIA: Limitar a minha liberdade de falar e agir de modo a não ofender os gostos e as opiniões dos outros.

DESENVOLTURA: Usar com sabedoria as habilidades que outros ignoram ou descartam.

DETERMINAÇÃO: Tomar decisões, mesmo as mais difíceis, com base no que é certo, e não no que é popular ou tentador.

DETERMINAÇÃO: Trabalhar intensamente para atingir objetivos, independentemente da oposição.

DEVOÇÃO: Ter comunhão espiritual com Deus por meio da adoração, da confissão, da gratidão e das súplicas.

DILIGÊNCIA: Enxergar cada tarefa como uma missão especial e usar todas as minhas energias para realizá-la.

DISCERNIMENTO: Aprimorar a habilidade intuitiva de avaliar as situações e as pessoas e buscar compreender a razão dos acontecimentos da minha vida e das pessoas próximas a mim.

DISCIPLINA: Receber instrução e correção de uma forma positiva, mantendo uma conduta adequada em conformidade com as diretrizes e regras aprendidas.

DISPONIBILIDADE: Priorizar a agenda e as necessidades das pessoas a quem sirvo, e não a minha.

DIVERTIDO: Escolher ser agradável e divertido, independentemente das circunstâncias ao meu redor e, com isso, gerar alegria onde estiver.

ECONOMIA: Prevenir-me, assim como também os outros, de gastar dinheiro desnecessariamente.

ENTENDIMENTO: Buscar uma forte inteligência e uma mente hábil em compreender e discernir questões.

ENTREGA: Render-me à autoridade, à orientação e à direção de Deus na minha vida.

ENTUSIASMO: Manter o ânimo constante, expressando meu interesse em dar o melhor de mim em cada tarefa.

EQUIDADE: Considerar o ponto de vista de cada pessoa envolvida num processo de decisão.

EQUILÍBRIO: Ser uma pessoa totalmente equilibrada na mente, no corpo e no espírito.

ESPERANÇA: Acreditar que o meu desejo mais profundo se realizará e que os eventos se encaminharão da melhor forma.

EXCELÊNCIA: Executar cada tarefa com esmero, sabendo que cada coisa que faço transmite uma mensagem a meu respeito.

FÉ: Desenvolver uma confiança inabalável em Deus e agir sobre essa fé.

FIDELIDADE: Empenhar-me no desempenho das minhas funções e ser fiel em minhas palavras, promessas e votos.

FIRMEZA: Ter uma postura sempre coerente e firmada em convicções. Ser forte para, sempre que necessário, me posicionar contra o senso comum e o modismo do mundo.

FLEXIBILIDADE: Ter a capacidade de alterar planos quando condições inesperadas exigirem.

FORÇA: Realizar com energia, força e vigor cada tarefa atribuída.

FRATERNIDADE: Demonstrar afinidade e disposição para ajudar aqueles com quem tiver um relacionamento.

GENEROSIDADE: Reconhecer que tudo o que tenho (tempo, talentos e tesouros) pertence a Deus e deve ser usado livremente para o benefício dos outros.

Qualidades de caráter para serem desenvolvidas em seus filhos

GENTILEZA: Aprender a responder às pessoas com bondade, atenção e amor.

GRANDEZA: Demonstrar uma extraordinária capacidade de realização.

GRATIDÃO: Expressar profunda gratidão e apreço às pessoas e a Deus.

GRATIDÃO: Fazer os outros saberem, por minhas palavras e ações, como eles abençoam a minha vida.

HONESTIDADE: Proclamar a verdade com sinceridade e franqueza em todas as situações.

HONRA: Respeitar aqueles que estão em posição de liderança em virtude da maior autoridade que possuem.

HOSPITALIDADE: Compartilhar alegremente comida, abrigo e vida com quem estiver à minha volta.

HUMILDADE: Ver o contraste entre o que é perfeito e minha incapacidade de atingir a perfeição.

INDIGNAÇÃO: Canalizar a força da ira de uma forma justa, eficaz e sem pecar.

INICIATIVA: Identificar e fazer o que precisa ser feito antes de ser solicitado.

INTEGRIDADE: Ser inteiro e completo na moral e nos princípios e valores.

INTREPIDEZ: Proteger o fraco, amparar o que sofre e o negligenciado, buscando sempre a justiça e a retidão.

JUSTIÇA: Agir sempre de maneira justa, que honre a Deus, independentemente de quem está assistindo. Assumir a responsabilidade pessoal de defender o que é puro, justo e verdadeiro.

LEALDADE: Valer-me dos tempos difíceis para demonstrar meu compromisso com os outros e com o que é certo.

LIBERALIDADE: Ter profundidade e amplitude, em palavras e atos, dentro do coração e da mente.

LIDERANÇA: Guiar os outros na direção de uma conclusão positiva.

LIMITES: Estabelecer um "lugar seguro" ou limites que me protejam da tentação potencialmente incontrolável.

MANSIDÃO: Abrir mão humildemente de poder, direitos pessoais e expectativas com o objetivo de servir.

MORDOMIA: Administrar e gerenciar recursos pessoais e financeiros de forma eficaz.

OBEDIÊNCIA: Procurar cumprir diligentemente as instruções que recebo e estar plenamente satisfeito e contente.

OBJETIVIDADE: Atingir o máximo de resultados para a área onde meu esforço for direcionado.

ORGANIZADO: Aprender a organizar e cuidar de qualidades e posses pessoais para alcançar uma maior eficiência.

ORIGINALIDADE: Criar "novas" ideias e novos pensamentos e ampliar verdades de um ponto de vista novo.

OTIMISMO: Confiante, esperançoso e nunca vacilante.

OUSADIA: Demonstrar a outros que a confiança e a coragem de que fazer o que é certo é o segredo da vitória final, independentemente da oposição presente.

PACIÊNCIA: Aceitar situações difíceis mesmo quando se estendem por um tempo maior que o esperado.

PAIXÃO: Ter uma emoção intensa, poderosa e convincente para com pessoas, projetos ou coisas importantes.

PERDÃO: Perdoar as pessoas que falharem comigo não usando seus erros do passado contra elas.

PERMEÁVEL: Estar aberto a receber críticas construtivas e orientação.

PERSEVERANÇA: Exercitar a força interior para suportar o estresse e fazer o meu melhor na gestão da minha vida. Esforçar-se continuamente para fazer ou alcançar alguma coisa apesar das dificuldades, dos fracassos e das oposições.

PERSUASÃO: Guiar outra pessoa usando palavras e exemplos convincentes que a motivem a acreditar e seguir.

Qualidades de caráter para serem desenvolvidas em seus filhos

PONDERAÇÃO: Ter consideração pelos outros por meio de atos ou palavras de bondade.

PONTUALIDADE: Mostrar respeito por outras pessoas, cumprindo prazos e sendo pontual nos compromissos.

PRESTAÇÃO DE CONTAS: Ser responsável diante de Deus e, pelo menos, perante outra pessoa pelo meu comportamento.

PROGRESSO: Florescer ou ser bem-sucedido, crescendo profissional e financeiramente.

PROPÓSITO: Exercitar a determinação de permanecer no caminho até que o objetivo seja alcançado.

PRUDÊNCIA: Ter cautela, humildade e sabedoria no que diz respeito às questões práticas do viver.

PUREZA NAS PALAVRAS: Cuidar das palavras que saem dos lábios, para que sejam puras e sem difamação.

PUREZA: Livre de pensamentos, sentimentos e ações tóxicos para a alma.

RAZOABILIDADE: Ter uma mente sã, razoável e que demonstra bom senso.

RENOVAÇÃO: Entender a importância de buscar, de tempos em tempos, a renovação das emoções, dos pensamentos e da alma.

RESPEITO: Honrar e ter a estima elevada por pessoas admiráveis.

RESPONSABILIDADE: Reconhecer e realizar o que de mim se espera.

RESTAURAÇÃO: Saber recomeçar sempre que necessário.

REVERÊNCIA: Dar honra e o devido respeito às posses e às propriedades de outros.

SABEDORIA: Desenvolver a capacidade de medir a consequência das minhas escolhas e aplicar o conhecimento na vida cotidiana.

SANTIDADE: Ser íntegro e reto, com nenhuma desonra ou mácula de caráter.

SEGURANÇA: Estruturar a minha vida sobre o que é eterno e que não pode ser destruído.

SENSIBILIDADE: Ter atenção às atitudes verdadeiras e necessidades emocionais das pessoas ao meu redor.

SER ENSINÁVEL: Demonstrar uma constante vontade de aprender sem reservas ou barreiras.

SERENIDADE: Estar em paz consigo mesmo e com os outros.

SERVIÇO: Procurar servir e satisfazer as necessidades das pessoas antes de preocupar-me comigo mesmo.

SINCERIDADE: Empenhar-se em agir de maneira correta, sem segundas intenções.

SOLIDARIEDADE: Cuidar das necessidades físicas, mentais e espirituais de outras pessoas.

TEMOR DO SENHOR: Ter um sentimento de honra e respeito pelo poderoso Deus que esteja acima e além de qualquer pessoa ou coisa.

TOLERÂNCIA: Aprender a aceitar os outros como indivíduos valiosos, independentemente de sua maturidade.

TRANSPARÊNCIA: Ser constantemente verdadeiro e permitir que as pessoas me conheçam como realmente sou.

VERACIDADE: Estar sempre ao lado da verdade, mesmo que ela cobre um alto preço.

VIRTUDES: Erigir padrões morais e pessoais que façam com que outros queiram desenvolver a retidão moral.

VISÃO: Ter uma clara e apaixonante visão do futuro. Enxergar além dos problemas, buscando soluções bem-sucedidas.

NÃO EXISTEM FILHOS PERFEITOS... *MAIS*

Bênçãos DAS ESCRITURAS PARA ORAR POR SEUS FILHOS[1]

Por Brian Smith

Abençoar nossos filhos é parte de uma rica herança bíblica. No Antigo Testamento, os pais regularmente pronunciavam bênçãos sobre a vida de seus filhos (Gênesis 27.26-29, 39-40, 49.1-28). Como no Novo Testamento somos discípulos e sacerdotes de Deus (1Pedro 2.9), um dos nossos privilégios é abençoar os outros. Quando invocamos o nome de Deus sobre o seu povo, ele o abençoa (Números 6.22-27).

Ao orar abençoando seus filhos, considere a possibilidade de pronunciar as palavras em voz alta, como os pais no Antigo Testamento faziam. Ouvi-lo clamar pelas bênçãos de Deus sobre a vida deles irá edificar a fé de seus filhos, lembrá-los de sua verdadeira identidade dada por Deus e reforçar o seu amor, e o do Pai celestial, por eles.

---

1. Usado com permissão do autor. Publicado por NavPress © 2005.

A certeza da salvação. Senhor, leve meus filhos a confiarem somente no sacrifício de Jesus para a salvação eterna. Dê-lhes a certeza de que a vida deles está segura em suas mãos. (João 3.16, 10.28-29; 1João 5.13)

Intimidade com Deus. Traga meus filhos para a sua presença, Senhor, e que eles possam provar a sua bondade e descansar somente no Senhor. (Êxodo 33.11; Salmos 27.8, 34.8, 42.1-2)

Bênçãos espirituais. Pai, que meus filhos jamais esqueçam que o Senhor os adotou em amor. Capacite-os para que possam experimentar todas as bênçãos espirituais que temos em Cristo Jesus, especialmente seu imensurável amor. Que eles possam agir, falar e pensar de modo digno da vocação de filhos de Deus. (Efésios 1.3-14, 3.17-19, 5.8-10)

Confiança na oração. Senhor, que meus filhos saibam que suas orações são ouvidas e respondidas por um Pai amoroso e fiel, mesmo que eles não se mantenham fiéis. (1João 5.14-15; Mateus 7.7-11)

Arrependimento. Quando meus filhos pecarem, leve-os à confissão e ao arrependimento, para que eles possam desfrutar de uma consciência limpa e de uma constante comunhão com o Senhor. (Salmo 32.1-2; 1João 1.5-9)

Santificação. Transforme os meus filhos semelhantes a Cristo. Use quaisquer circunstâncias que, conforme a sua perfeita sabedoria, sejam necessárias para produzir fruto de justiça e paz na vida deles. (2Coríntios 3.18; Tiago 1.2-4; Hebreus 12.5-11)

Esperança e descanso. Inunde os meus filhos de uma esperança viva e confiante ao mesmo tempo que eles confiem no Pai de todo o coração, em seus relacionamentos, no trabalho e _____ (outras preocupações). Que eles possam transbordar de sua paz. (Jeremias 29.11; Mateus 28-30; Romanos 15.13, Filipenses 4.6-7)

Conforto. Por meio de todas as dificuldades, que o seu Espírito possa trazer o consolo sobre os meus filhos, para que eles sempre saibam que nunca estão sozinhos. Agora mesmo eles precisam de seu conforto para passar pela luta de _____ (ore por lutas ou perdas específicas). (Mateus 5.4; João 14.16-18)

Liberdade. Oriente meus filhos na verdade, para que eles conheçam e desfrutem a genuína liberdade. (João 8.31-32, 36)

Amizades. Dê aos meus filhos amigos verdadeiros que sejam suporte na vida deles. Mantenha-os longe de relacionamentos que possam afastá-los do Senhor. (Eclesiastes 4.9-12; Provérbios 27.5-6; 1Coríntios 15.33)

Pais eficazes. Ajude-nos a exercer a influência certa na vida dos nossos filhos, em cada fase do crescimento deles. Mantenha-nos dispostos a ouvir qualquer coisa que eles queiram falar. (Provérbios 20.7; Efésios 6.4)

Casamento e filhos. Se é da sua vontade que meus filhos se casem e tenham filhos, oriente-os para que encontrem cônjuges piedosos com quem possam desfrutar de relações florescentes. E que eles passem adiante a rica herança da fé às gerações futuras. Que eles possam permanecer na única experiência que confere significado e alegria de viver, que é a devoção exclusiva ao Senhor. (Salmos 127.3-5, 128.1-4; 1Coríntios 7.32-35)

Uma igreja saudável. Guie meus filhos para que congreguem em uma igreja amorosa, que ore, que seja centrada no ensino da Bíblia e que os atraia para a vida em comunidade, gerando neles fome de sua Palavra, que os envolva em seu serviço e que os abençoe com líderes piedosos, confiáveis e humildes. (Atos 2.42, 4.32-35; Efésios 4.15-16; 1Timóteo 3.1-13)

Espírito Santo. Encha meus filhos com o seu Espírito Santo. Mostre-lhes como exercer seus dons espirituais e permita-lhes demonstrar todos os frutos do seu Espírito: amor, alegria, paz, paciência, benignidade, bondade, fidelidade, mansidão e domínio próprio. (Efésios 5.18; 1Coríntios 12.4-28; Gálatas 5.22-23)

Influência. Senhor, que os meus filhos atraiam muitos para o Pai e que possam influenciar o mundo com a verdade e a justiça. (Mateus 5.13-16; Marcos 1.17; 2Coríntios 2.15-16)

Sucesso. À medida que estudarem e aplicarem a sua Palavra, que meus filhos possam colher muitos frutos. Conceda-lhes sucesso em _____ (seja específico honrando a Deus em seus empreendimentos). (Josué 1.7-8, João 15.8; Tiago 1.25)

Sabedoria. Abençoe meus filhos com sabedoria e lhes dê uma constante fome por mais. Preencha-os com o conhecimento de sua Palavra e de sua vontade. Conceda-lhes o temor do Senhor, ó doador da vida, que é onde toda a sabedoria começa. (Provérbios 3.13; Tiago 1.5; Colossenses 1.9; Provérbios 9.10)

Orientação. Pelo poder do Espírito Santo, leve meus filhos pelos caminhos da justiça. Especificamente, oriente-os na área de _____ (circunstâncias que seus filhos enfrentam atualmente). (Provérbios 3.5-6; João 16.13)

Proteção. Mantenha os meus filhos em segurança e com saúde e guarde-os do mal. Ajude-os a resistir a _____ (algo específico, agora ou no futuro). (Tiago 5.14-16; João 17.15; 2Tessalonicenses 3.3; 1Coríntios 10.13)

Provisão. Supra as necessidades materiais de meus filhos. No momento, eles necessitam de _____. (Mateus 6.11, 25-33; Filipenses 4.19)

Eternidade. Lembre meus filhos das recompensas eternas que o Senhor prometeu. Deixe essa perspectiva motivá-los a acumular tesouros no céu. E que eles possam buscar primeiro o seu reino e a sua justiça para viver com integridade e investir generosamente na vida das pessoas. (1Coríntios 3.12-14; 2Coríntios 5.1, 10; João 14.2-3; Mateus 6.19-21, 33)

O inimaginável. Pai misericordioso, derrame sobre a vida dos meus filhos bênçãos que excedam os meus sonhos e pensamentos. Que o seu amor flua abundantemente na vida deles. (Efésios 3.17-20)

NÃO EXISTEM FILHOS PERFEITOS... *MAIS*

GUIA DO *líder*

Prezado líder,

Hearts at Home (www.HeartsatHome.org) é uma organização fundada com o objetivo de não deixar os pais andarem sozinhos. Assim, um dos nossos principais objetivos é a construção de relações de suporte e apoio. Oramos para que seu grupo de pais encontre em *Não existem filhos perfeitos* um texto útil para a abordagem de discussões que mudem vidas.

As sessões de grupo são organizadas em torno dos nove capítulos, então você deve tentar planejar nove encontros para discutir sobre cada um deles. Incentive cada família a ter um exemplar, para que mães e pais possam destacar ou marcar em seus próprios exemplares enquanto leem e que os tragam marcados para as suas reuniões de grupo.

O trabalho do líder é facilitar a discussão, e os melhores líderes são aqueles que sabem ouvir mais e falar menos. Você pode não ser um líder perfeito, mas esperamos que possa tentar dedicar-se ao máximo a essa liderança. Embora você possa dar o exemplo ao responder às perguntas, é importante que você tente conduzir a discussão gerando a aplicação na vida de todos os presentes.

Em seu tempo de preparação, se familiarize com as questões e anote quaisquer perguntas adicionais que você possa apresentar ao grupo. Ore pelos membros do grupo e peça orientação a Deus.

Em seu tempo de aprofundamento do tema, faça o seu melhor para tirar algo dos participantes mais silenciosos do grupo e para conduzir a discussão por outro rumo, caso alguém tente monopolizar a conversa. Quando o grupo fugir do assunto, imediatamente puxe o foco de volta para a questão em destaque.

A seção **Aplicar** estimula a reflexão pessoal e o estabelecimento de metas. Seria ótimo que os membros do grupo fossem para casa com um pouco mais da sabedoria que eles precisam assimilar para o seu trabalho como pais nos dias seguintes, além de ideias práticas que os ajudem a colocar em ação algumas coisas que aprenderam nesses encontros.

Certifique-se de separar tempo para a oração, seja com uma pessoa próxima, seja compartilhando um momento de oração em grupo. Se o seu grupo não se sente realmente confortável com a oração em conjunto, você deve, como líder, assumir a responsabilidade de encerrar a reunião fazendo uma oração.

Oramos para que Deus abençoe o seu grupo, ao mesmo tempo que você possa assumir suas próprias imperfeições e cultivar o amor e a aceitação entre as diversas famílias sob a sua liderança.

Introdução / Capítulo 1: Não existem filhos perfeitos

Aprofunde

1. Jill apresenta pequenas histórias de momentos em que suas expectativas de mãe entraram em confronto com a realidade que ela enfrentava (p. 21-23). Você pode identificar um momento na sua experiência com seus filhos quando você enfrentou um desafio inesperado?
2. Nas situações descritas, como você trabalha por meio de sua própria frustração ou decepção?
3. Já dissemos que "os erros fazem parte da vida". Quão irritante pode ser lidar com o progresso em vez da perfeição? Quão benéfico pode ser aceitar o progresso como um ideal, e não mais a perfeição?
4. O que acontece quando as metas para os seus filhos são muito baixas? E quando são muito elevadas? O quanto você tem lutado para ajustar as expectativas de modo que fiquem "na medida certa"?
5. A "Síndrome da grama mais verde" nunca rouba o seu contentamento? E quando você se percebe comparando a sua casa ou a sua família com os outros? Você tem sido capaz de se contentar com a vida que tem e com os filhos que tem? Que diferença isso faz para você?

Aplique

6. Lembre-se de seus próprios confrontos entre as expectativas de seus pais e a realidade. Como você lidou com essas situações quando jovem? Se você ainda está se repreendendo pelos erros do passado, lembre-se de que é uma pessoa imperfeita (assim como seus filhos!) e deixe essas experiências do passado de lado, contando com a ajuda de Deus para o futuro.
7. Tente identificar uma determinada área em que você esteja lutando atualmente no seu trabalho como pai ou mãe; talvez seja mais um

problema enfrentado em virtude de suas expectativas não satisfeitas. Tenha um outro olhar sobre essa expectativa e sobre a personalidade e o temperamento do seu filho. Sua expectativa está sendo muito alta? Se suas expectativas são razoáveis, como você pode encorajar o progresso do seu filho para que ele as cumpra?
8. Escreva uma pequena lista de coisas de que você gosta em sua vida *como ela é* e em seus filhos da forma como *eles são*. Use essa lista durante esta semana para orar e agradecer ao Senhor pelas coisas que estão indo bem em sua família.

Ore

Agradeça a Deus pela paciência e pelo amor benevolente que ele tem por você, uma pessoa imperfeita. Agradeça-lhe pelos filhos reais que ele soberanamente lhe deu, para fazer este trabalho de mãe ou pai. Peça a Deus que lhe dê uma visão mais ampla e coerente sobre seus filhos, de modo que possa discernir como estabelecer metas justas e adequadas. Peça a Deus a sabedoria que ele prometeu dar (Tiago 1.5).

Capítulo 2: O Vírus da Perfeição bate de frente com a parentalidade

Aprofunde

1. Quando você mais nota o Vírus da Perfeição ao seu redor? De que maneira o perfeccionismo se infiltrou em seu pensamento e em suas reações?
2. Analise os dez perigos do perfeccionismo que são abordados nas páginas 40-47. Alguns padrões comportamentais têm aumentado em sua vida à medida que você envelhece. Quando era criança, você tendia a se concentrar em suas fraquezas? Você se sentia criticada? Você tinha medo de pedir ajuda a seus pais e professores?
3. Quando você pessoalmente sentiu que era amada de maneira incondicional? Como acredita que essa experiência ajudou-a a compreender o amor de Deus por sua vida?
4. Quais são, em sua opinião, as diferenças práticas entre excelência e perfeição?

Aplique

5. Seja em razão da vida ser tão agitada, seja porque somos naturalmente inclinados a consertar tudo, é fácil saltarmos diretamente para a solução de problemas que possam surgir. Esta semana, quando seu filho lhe falar sobre problemas na escola ou em casa, como você pode dedicar um tempo para ele, ouvindo-o com atenção e interesse?
6. Quatro ações podem aumentar sua percepção das atitudes do coração do seu filho: pensar, agir, escutar e esperar. Quando foi que você viu no passado comportamentos exteriores do seu filho que transmitiam, de alguma forma, sentimentos por meio de suas atitudes? Que diferença isso fazia?

7. Crie uma pequena lista de coisas que você ama e aprecia em seus filhos. E como você pode comunicar-lhes sua alegria por serem como são?
8. Leia 1Coríntios 13.4-7. Como essa descrição prática sobre o amor poderia ajudá-la a comunicar o seu amor incondicional pelo seu filho?

Ore

Agradeça a Deus por seu amor incondicional, mesmo que seja difícil para você sentir esse amor. Agradeça-lhe por amar seus filhos mais do que você os ama! Peça a Deus que a ajude a apreciar as personalidades originais e os dons de seus filhos. Peça ao Pai que a ajude a ver além dos comportamentos superficiais, diante dos problemas do coração, que realmente são os que mais importam. Peça a graça de Deus para ajudá-la a mudar o padrão do seu amor depois de ler 1Coríntios 13.

Capítulo 3: Você gosta de mim?

Aprofunde

1. Mesmo quando pensamos ter deixado para trás o projeto de futuro ideal para os nossos filhos, volta e meia nós nos pegamos lamentando quando eles caminham em direção contrária àquele "cenário ideal" sonhado por nós. Você já se pegou tentando criar o filho que gostaria de ter, em vez do filho que realmente lhe foi dado?
2. Quando você se sentiu invisível? Incompreendida? Desrespeitada? Que sentimentos acompanharam essas experiências?
3. Quando seus filhos a surpreenderam com expectativas e sonhos muitos diferentes daqueles que você sonhou para eles? Qual foi a sua reação? Há algo que você queira fazer diferente no futuro?
4. Na definição de objetivos para o seu filho, como você tem equilibrado de uma forma saudável a sua orientação com os desejos dele? Existe algum momento em que seus bons desejos para ele tornam-se "desejos dominantes"? Quando? Qual a razão disso?

Aplique

5. Como você pode sofrer pelo que não aconteceu em sua família conforme seus sonhos, isto é, as expectativas que tinha, mas que não se concretizaram? O que ajuda você a ficar bem após deixar de lado aqueles antigos sonhos?
6. Você acha fácil ou difícil ser transparente com seus filhos sobre suas próprias lutas? O que ajudaria você a sentir suficiente segurança para ser vulnerável diante deles?
7. Que coisas do seu filho você gostaria de mudar? Faça uma lista. Elas são realmente questões críticas que devem ser alteradas para um maior bem-estar da criança? Ou são questões que incomodam você, mas que,

no fundo, não valem um confronto? Será que não são alguns traços de personalidade ou algumas escolhas individuais que você pode aceitar?
8. O que você ama em seu filho? Ele é capaz de ver valor em si mesmo? Como você pode ajuda-lo a identificar seus pontos fortes? Que diferença isso pode fazer?

Ore

Agradeça a Deus pelos sonhos e esperanças que você tem para seus filhos e agradeça, também, por aqueles que você teve que abandonar. Agradeça a Deus por sua graça e compaixão sobre a sua vida. Peça ajuda a Deus para que, de modo gracioso, você possa comunicar amor e aceitação, como ele mesmo faz, aos seus filhos. Peça a Deus a capacidade de "amar sempre", mesmo quando você experimenta sentimentos como raiva ou frustração.

Capítulo 4: Sou importante para você?

Aprofunde

1. Como os seus próprios sentimentos de importância (ou a falta deles) têm afetado seu comportamento e suas escolhas?
2. Quais os fatores que fazem as crianças (e mais tarde, os adultos) se sentirem sem importância? Quando você se sentiu mais reconhecida e valorizada pelos outros? Como isso impactou você?
3. Se as principais necessidades das pessoas são a segurança, a identidade, o pertencimento, o propósito e a competência, por que se torna um problema olhar para o cumprimento dessas necessidades como pais?

Aplique

4. As crianças podem sentir-se como projetos que seus pais estão tentando completar ou problemas que estão tentando resolver em vez de verem-se simplesmente como crianças em processo de amadurecimento e desenvolvimento de sua identidade. Que aspectos do trabalho de mães e pais se assemelham a trabalhar em projetos e resolver problemas? O que pode ajudar nossos filhos a perceberem que, mesmo na prática diária de prepará-los para a vida, nós os amamos e valorizamos seus passos de crescimento?
5. Quais são as diferenças práticas entre ensinar uma criança a mudar e dizer à criança que mude?
6. Na agitada vida familiar, pode ser um desafio entre demandas urgentes de trabalho, escola e tarefas domésticas encontrar tempo para simplesmente estar junto dos filhos, sem pressa. Como você pode ajustar sua agenda de compromissos de modo que consiga separar um tempo semanal para brincar com as crianças e passar tempo juntos? Como você acredita que isso beneficiaria a sua relação com seus filhos?

7. Sem deixar que seu filho determine todas as decisões da casa, como você pode ampliar a participação dele nas conversas e tomadas de decisão?

Ore

Agradeça a Deus por fazê-la à sua própria imagem (Gênesis 1.26-27), pela sua criação (Salmo 139), por amar você e porque preparou a sua salvação (Romanos 5.8). Agradeça-lhe por lhe dar segurança, identidade e sentimento de pertencimento por intermédio do relacionamento de comunhão com ele. Peça ajuda a Deus para ver, valorizar e afirmar a importância de seu filho na sua família e no mundo.

Capítulo 5: Tudo bem por que sou único?

Aprofunde

1. Havia algum aspecto de sua própria personalidade ou aparência de que você não gostava quando era criança? Como você chegou a aceitar isso e como compreendeu que Deus a fez assim?
2. Confira a tabela na p. 122. Já que você resolveu as questões sobre suas próprias características, que tipo de "inteligência" é a sua? Como você foi capaz de aceitar que nem todos os tipos de inteligência são um sinal de força?
3. Releia 1Coríntios 12.4-27. Qual tem sido a sua experiência da "vida de corpo" com os outros cristãos? De que maneira você tem sido capaz de trabalhar junto e conseguido apoiar uns aos outros?

Aplique

4. Anote os nomes de seus filhos em uma folha de papel e os tipos de inteligência e qualidades que você acha que cada um possui. Como você pode reforçar e encorajar uma mudança natural neles?
5. Enquanto você identifica os pontos fortes de seus filhos, sente alguma decepção ou frustração porque os dons deles são diferentes dos seus ou porque esses dons não são o que você esperava para eles? Por que isso é tão importante para você?
6. Sabemos que os filhos imitam naturalmente os exemplos de seus pais. Neste caso, como você pode compartilhar seus pontos fortes e fracos com seus filhos esta semana? Que histórias de sua jornada pode encorajá-los no processo de amadurecimento?
7. A família é o primeiro lugar em que podemos experimentar o senso de unidade que as Escrituras tanto dizem ser estruturante da realidade da Igreja de Cristo. Considere os variados pontos fortes e fracos

representados em sua família. Você pode ver nessa mistura de dons uma oportunidade para construir o apoio e a interdependência em seu lar?

Ore

Agradeça a Deus por sua soberania e sabedoria reveladas nos traços exclusivos seus e de seus filhos. Agradeça especificamente pelas qualidades que você vê representadas em sua família. Peça a Deus que lhe dê sabedoria para ajudar seus filhos a crescerem nas áreas que precisam ser desenvolvidas. Peça a Deus que a ajude a fortalecer cada membro de sua família para viver como um corpo saudável dentro do lar e na família de Deus.

Capítulo 6: Quem sou eu?

Aprofunde

1. Quais rótulos ou apelidos você recebeu no passado? (Veja a lista nas páginas 136 e 137: "Mais velho, mais novo, filho do meio. Adotada. Ansiosa. Gastador. Inteligente. Pensativa. Sensível. Introvertida. Extrovertido. Falante. Quieta. Agitado. Engraçada" etc.). Quais desses rótulos foram positivos ou úteis? Quais deles "grudaram" em você por mais tempo? Por quê?
2. Quantos rótulos foram baseados no "fazer", isto é, apoiados em coisas que você fez ou realizou? Quais deles foram baseados no "ser", ou seja, apontavam para o seu caráter, para a sua identidade?
3. Como você acha que o seu relacionamento com o seu pai influenciou suas crenças, suas escolhas e sua personalidade?
4. Quando foi que a afirmação de uma outra pessoa provocou uma mudança de vida em você?

Aplique

5. Pense em cada um de seus filhos. Você acha que eles se veem como erros ou como únicos, especiais e milagres que não se repetem? O que afeta a maneira como eles veem a si mesmos?
6. Exercite sua criatividade e trace uma maneira pela qual você possa afirmar uma qualidade positiva de caráter para cada um de seus filhos utilizando a seguinte fórmula: verbalize uma qualidade positiva específica, forneça provas para sustentar a sua afirmação e dê a razão por que você se alegra por causa disso.
7. Pense sobre a sua interação com os seus filhos na semana passada, que provavelmente incluía alguns "rótulos" de fazer ou de ser. Pense adiante sobre situações que possam surgir nos próximos dias e escolha as melhores maneiras de se comunicar.

Ore

Agradeça a Deus por sua graça e misericórdia, que são renovadas sobre você todos os dias (novas a cada manhã). Agradeça a Deus por ter criado seus filhos como milagres que não se repetem. Peça a Deus que a ajude a ver e celebrar cada vez mais a bondade de sua obra na criação de cada pessoa da sua família – e por colocá-la junto deles.

Capítulo 7: Sou um fracasso?

Aprofunde

1. Quando é que o perfeccionismo perde a força diante da certeza de que você está sendo aperfeiçoada por Deus, em seu tempo?
2. Você é dura consigo mesma quando comete erros? Acha que é difícil perdoar a si mesma, olhando com graça e compaixão para o seu próprio coração? Você já parou para pensar nas razões de se sentir assim?
3. Analise as razões dadas nas pp. 158-162 sobre por que os filhos cometem erros. Seriam essas algumas das razões que a levam a cometer erros? O que pode ajudá-la a se livrar de algumas coisas e seguir em frente?
4. Você se define como uma pessoa otimista ou pessimista? Como você pode mover suas experiências em direção a uma visão mais esperançosa e aguardando os melhores resultados?
5. Quem são as pessoas que você admira e por que superaram lutas ou situações difíceis? Como é que os desafios delas as ajudaram a torná-las quem são hoje?

Aplique

6. Você acha que seus filhos se sentem seguros cometendo erros em sua própria casa? O que pode ajudá-los a ter a liberdade para compartilhar algo mais livremente com você, quando as coisas dão errado para eles?
7. A vida pode ficar tão agitada, que encontrar tempo para conversar em família sobre os sentimentos de cada um torna-se cada vez mais difícil. Pense sobre a próxima semana. Quando surgirão alguns momentos em que você terá a oportunidade de conversar cara a cara com cada um dos seus filhos? Como você acha que eles responderão a essa ideia?
8. Compartilhar regularmente momentos de descontração juntos constrói uma base agradável para os momentos em que você tiver de dividir

lutas e decepções como família. Se sua família já agendou algum tempo para compartilhar, procure um lugar na agenda para se divertir com eles nas próximas semanas.

Ore

Agradeça a Deus pelo seu gracioso perdão. Agradeça-lhe por estar lhe dando força, coragem e sabedoria para exercer seu trabalho como mãe ou pai. Peça a Deus que lhe dê graça quando precisar lidar com erros de sua família (seus e de seus filhos).

Capítulo 8: Qual é o meu propósito?

Aprofunde

1. Quais atividades mais estimulam e satisfazem você? Como essas atividades estão conectadas com os propósitos que você sente que Deus lhe deu?
2. Efésios 2.10 sugere que Deus preparou de antemão "boas obras" para praticarmos. Quais são algumas das "boas obras" que Deus já lhe deu para realizar, no passado ou no presente? Como você se sente ao cumpri-las?
3. Em que ocasiões e durante quais atividades você sente que está glorificando a Deus por intermédio de suas ações?
4. Qual a sua maneira favorita de servir aos outros? Por quê?

Aplique

5. De que maneiras você louva a Deus em família? Como é possível que suas tarefas diárias se traduzam em atos de louvor? (Romanos 12.1)
6. Como você e seus familiares lidam com o tédio? Se a tela de um aparelho eletrônico tornou-se um escape padrão, como você pode incorporar mais passatempos produtivos que envolvam toda a família?
7. Comece a pensar, planejar e preparar uma pesquisa com os seus filhos. Que coisas eles fazem bem? O que faz com que eles fiquem animados? Que sonhos eles têm?
8. Como podem os interesses e dons particulares de seus filhos ser utilizados para servir os outros? Como família, vocês podem assumir esses projetos?

Ore

Agradeça a Deus por seus planos perfeitos para você e para cada um dos seus filhos, individualmente. Agradeça por ele ter criado boas obras de antemão, para que você as faça. Peça a Deus sabedoria na administração de seu próprio tempo e no uso do tempo de seus filhos. Peça a Deus que lhe dê oportunidades para se colocar à disposição dos dons representados em sua família.

Capítulo 9: Você vai me ajudar a mudar?

Aprofunde

1. Na vida de quais pessoas você tem investido e auxiliado no crescimento até que a maturidade seja atingida? Quais pessoas têm sido boas conselheiras, que a ajudam a corrigir equívocos e a orientam por meio da Palavra de Deus sobre as mais diversas questões do seu viver? O que tudo isso representa para você?
2. Há alguma mentira em que seu filho possa estar acreditando sobre si mesmo? Como você pode ser capaz de falar-lhe a verdade, desmascarando a tal mentira? O que pode convencer o seu filho de que você está correta?
3. Como adulta, como você encara as mudanças? Você acha que é algo desafiador ou até mesmo impossível? Você sente alguma esperança sobre isso? Por quê?

Aplique

4. A comunicação familiar saudável é positiva, honesta, completa e calma (p. 200). Como você avaliaria sua comunicação com seus filhos nessas quatro áreas? Existe uma área que você escolheria para aperfeiçoar durante a próxima semana?
5. Alguns filhos são mais fechados e pouco comunicativos. Durante quais atividades e em que momentos do dia você consegue ter a melhor conversa com seus filhos? Como você pode capitalizar esse conhecimento e ajudar a criar tempo e espaço para boas conversas?
6. Como você vê as diferenças entre ensinar e falar (pp. 203-204) e entre corrigir e criticar (p. 206)?
7. Você consegue identificar algum desafio específico que seu filho esteja enfrentando neste momento? Qual dos pontos fortes e das qualidades do

seu filho podem ajudá-lo a superar esse problema? Como você pode ajudá-lo a identificar aqueles dons e possíveis soluções?

Ore

Agradeça a Deus por ele ter prometido que a sua graça seria suficiente diante de nossas fraquezas (2Coríntios 12.8-12). Agradeça-lhe por torná-lo mais e mais semelhante a Jesus Cristo (2Coríntios 3.17-18; Efésios 4.23-25). Confie nele acerca do processo de amadurecimento de seus filhos, individualmente. Peça a Deus que lhe dê discernimento especial sobre como proceder estando perto de seu filho enquanto ele cresce em Cristo.

AGRADECIMENTOS

DE *Jill*

Sou grata por uma coautora da mesma opinião que a minha e que compartilha a paixão de defender os filhos. Kathy, foi uma alegria trabalhar com você! Naturalmente, nenhum livro como este é escrito por uma ou duas pessoas apenas. Antes, é o resultado de anos de conversas com amigos, familiares e outras mães pela jornada da vida. Com isso em mente, quero manifestar o meu apreço:

A cada mãe que compartilhou sua história, *suas frustrações, alegrias e descobertas comigo*. Cada história me ajudou a formular a mensagem deste livro.

Às *adoráveis pessoas que compõem a equipe de liderança de Hearts at Home*. É uma alegria servir com um grupo tão maravilhoso de homens e mulheres.

Àquelas que leram o manuscrito e *deram um feedback inicial valioso*: Megan, Laury e Nancy. Sua disposição em dividir suas impressões pessoais ajudou a tornar este livro melhor! Um agradecimento especial a Sandra Bishop, da MacGregor Literary, que não só contribuiu com grandes sugestões, mas é uma das melhores agentes literárias que existem!

À m*inha equipe de oração*: sou grata por se colocarem na brecha por mim! Seu tempo de joelhos é uma contribuição mais importante para este livro do que todas as palavras que escrevo.

À *equipe da Moody Publishers*: obrigada por acreditarem na mensagem deste livro! Nós adoramos a parceria com vocês!

Anne, Evan, Erica, Kolya e Austin: obrigada por me permitirem compartilhar suas histórias. Vocês são os melhores filhos imperfeitos que uma mãe poderia pedir!

Mark: Eu te amo. Obrigada por abraçar o processo de aperfeiçoamento em sua vida e em nosso casamento e por preencher as lacunas da casa enquanto eu escrevia!

Deus: obrigada por sua graça, seu amor e sua vontade de usar as minhas imperfeições para seus propósitos!

AGRADECIMENTOS

DE Kathy

Jill, obrigada por me dar o privilégio de trabalhar com você neste livro. Eu amei ver as minhas ideias ganhando vida enquanto você adicionava suas ilustrações. As suas estratégias e as minhas se conectaram bem. Sabíamos que isso aconteceria, uma vez que acreditamos nas mesmas coisas sobre criação de filhos. Deus estava nesta parceria, e eu sou grata por isso.

Também sou grata pela minha equipe extremamente talentosa e meu dedicado Conselho de Administração. Essas pessoas me apoiam e me fortalecem. Elas são talentosas e alegres, e eu não poderia fazer o que faço sem elas. E sou hoje uma pessoa melhor por causa delas, e as minhas ideias são melhores, também, por causa delas. Os guerreiros de oração da minha igreja e amigos que oram por mim e também me abençoam.

Sou grata pelos milhares que já me ouviram falar e reagiram às minhas ideias para que eu pudesse melhorá-las. Sinto-me honrada de ser representante nessa área de palestras por Ambassadors Speakers Bureau e sou grata por seu trabalho em meu nome, assim como Celebrate Kids, Inc., e posso continuar a influenciar milhares de mães, pais, professores, voluntários, filhos, entre outros.

É claro que, sem a dedicação e a experiência do pessoal da Moody Publishers, estas ideias não teriam se tornado um livro. Sou muito grata pela confiança e parceria!

Deus é incrível, e estou muito feliz porque ele nos chama para fazermos diferença para a sua glória. Sou grata por seu amor incondicional e sua sabedoria.

NOTA DAS *autoras*

Prezado leitor,

Gostaríamos muito de ouvir como este livro o abençoou pessoalmente! Você pode nos encontrar online com bastante facilidade! Veja:

                Jill Savage
E-mail: jillannsavage@yahoo.com
Site: www.HeartsatHome.org
Blog: www.JillSavage.org
Vídeo: www.youtube.com/jillannsavage
Facebook: www.facebook.com/jillsavage.author
                www.facebook.com/heartsathome
Twitter: @jillsavage   @hearts_at_home

Kathy Koch, PhD
E-mail: nomoreperfect@CelebrateKids.com
Site: www.CelebrateKids.com
Blog: www.DrKathyKoch.com
Vídeo: www.vimeo.com/channels/kathyisms
Facebook: www.facebook.com/celebratekidsinc
Twitter: @DrKathyKoch

Acesse o site www.NoMorePerfect.com. Lá, você encontrará recursos adicionais para encorajá-la e equipá-la para conduzir e liderar um estudo em grupo com este livro, se você desejar.

Juntas com você na viagem,

Jill e Kathy

HEARTS AT HOME – O LUGAR ONDE AS MÃES DEVEM ESTAR

No Hearts at Home, sabemos o que as mães estão sentindo, que perguntas elas fazem e os desafios que enfrentam. Acreditamos também que mães devem saber que não estão sozinhas.

E é por isso que estamos aqui.

Hearts at Home existe para fornecer educação e encorajamento na jornada de ser mãe.

Além deste livro, oferecemos uma Newsletter digital gratuita, que chamamos de Hearts On-The-Go, bem como o incentivo diário incluindo nosso Programa de Rádio Heartbeat (Pulsação do coração), o nosso site, o nosso blog e eCommunity. Temos ainda perfis no Facebook e Twitter para aqueles momentos em que as mães precisam de um rápido contato e socorro!

A cada ano, cerca de dez mil mães participam de nossas conferências nos Estados Unidos e no exterior. Cada evento mistura maravilhosas sessões plenárias com oficinas relevantes e práticas, que equipam as mães para serem o melhor que podem ser.

Não importa em que estágio da maternidade você se encontre, Hearts at Home está aqui para você. Quer se juntar a nós?

Hearts at Home
1509 N. Clinton Blvd.
Bloomington, IL 61702
Telefone: (309) 828-MOMS
E-mail: hearts@hearts-at-home.org
Website: www.hearts-at-home.org
Facebook: www.facebook.com/heartsathome
Twitter: @hearts_at_home

CELEBRATE KIDS

Kathy, a equipe e o conselho de Celebrate Kids, Inc. são apaixonados por ajudar os pais a criarem os filhos que receberam, e não os filhos que gostariam de ter. Nós procuramos inspirá-los com esperança para o amanhã e com soluções que funcionem hoje.

Adoramos equipar, capacitar e incentivar os professores e os administradores a compreenderem melhor seus alunos para que eles possam ser mais bem-sucedidos. Também procuramos atender às necessidades deles por meio do compartilhar de ideias práticas e relevantes que deem resultado, incluindo a forma de compreender os filhos imersos na tecnologia e mantê-los engajados.

Ajudamos os filhos e os adolescentes a acreditarem que eles foram criados por Deus com propósito, com dons e talentos únicos. Por intermédio das histórias e ideias de Kathy, eles acreditam no seu valor no presente, bem como em seu potencial no futuro. Nós os motivamos a buscar respostas sólidas e verdadeiras às perguntas-chave da vida. Como resultado, eles são mais contentes, desfrutam paz e são capazes de lutar por excelência.

Desde a nossa fundação em 1991, todos os nossos programas se conectam de uma maneira ou outra com a nossa mensagem fundamental: as pessoas são mais saudáveis quando as suas principais necessidades de segurança, identidade, pertencimento, propósito e competência são cumpridas de forma confiável e completa.

Nós influenciamos as pessoas com apresentações de Kathy nas escolas, nas igrejas, nas empresas, em ministérios sem fins lucrativos e em convenções. Nossos webinars, produtos, boletins informativos por e-mail, páginas no Facebook, blogs e vídeos do Vimeo são todos concebidos para proporcionar esperança e soluções práticas que funcionem na vida das famílias.

NoMorePerfect.com
www.NoMorePerfect.com

Sua jornada *não existem... perfeitos* **continua online.**

Aceitar a imperfeição é difícil, não é? Seja a nossa, a de nossos filhos, de nosso cônjuge ou apenas a vida em geral, é difícil deixar o mundo saber que nós simplesmente não teremos jamais tudo isso junto.

É por isso que criamos um site para ser um roteiro para a sua jornada *Não existem... perfeitos*. É uma comunidade onde você encontrará incentivo, conexão com outras mães e um espaço onde você pode apenas ser você mesma!

Junte-se a nós no **www.NoMorePerfect.com** para obter recursos adicionais (incluindo maneiras de compartilhar informações sobre os livros com seus amigos e suas amigas, materiais para usar com grupos de estudos para mães ou em clubes de leitura) e conversas permanentes (você pode até mesmo compartilhar a sua história!) que irão ajudá-la a deixar de ser imperfeita e abraçar o autêntico!